# Conexão
## CAPITALISMO
### e *MEIO AMBIENTE*

# MARCUS PEÇANHA

## Conexão CAPITALISMO e MEIO AMBIENTE

Somente a iniciativa privada pode preservar o MEIO AMBIENTE

ALTA BOOKS
EDITORA
Rio de Janeiro, 2022

## Conexão Capitalismo e Meio Ambiente

Copyright © 2022 da Starlin Alta Editora e Consultoria Eireli.
ISBN: 978-85-508-1774-3

Impresso no Brasil — 1ª Edição, 2022 — Edição revisada conforme o Acordo Ortográfico da Língua Portuguesa de 2009.

Todos os direitos estão reservados e protegidos por Lei. Nenhuma parte deste livro, sem autorização prévia por escrito da editora, poderá ser reproduzida ou transmitida. A violação dos Direitos Autorais é crime estabelecido na Lei nº 9.610/98 e com punição de acordo com o artigo 184 do Código Penal.

A editora não se responsabiliza pelo conteúdo da obra, formulada exclusivamente pelo(s) autor(es).

**Marcas Registradas:** Todos os termos mencionados e reconhecidos como Marca Registrada e/ou Comercial são de responsabilidade de seus proprietários. A editora informa não estar associada a nenhum produto e/ou fornecedor apresentado no livro.

**Erratas e arquivos de apoio:** No site da editora relatamos, com a devida correção, qualquer erro encontrado em nossos livros, bem como disponibilizamos arquivos de apoio se aplicáveis à obra em questão.

Acesse o site www.altabooks.com.br e procure pelo título do livro desejado para ter acesso às erratas, aos arquivos de apoio e/ou a outros conteúdos aplicáveis à obra.

**Suporte Técnico:** A obra é comercializada na forma em que está, sem direito a suporte técnico ou orientação pessoal/exclusiva ao leitor.

A editora não se responsabiliza pela manutenção, atualização e idioma dos sites referidos pelos autores nesta obra.

---

Dados Internacionais de Catalogação na Publicação (CIP) de acordo com ISBD

P364c    Peçanha, Marcus
　　　　Conexão Capitalismo e Meio Ambiente: Somente a Iniciativa Privada pode Preservar o Meio Ambiente / Marcus Peçanha. - Rio de Janeiro : Alta Books, 2022.
　　　　304 p. ; 16cm x 23cm.

　　　　Inclui índice.
　　　　ISBN: 978-85-508-1774-3

　　　　1. Meio Ambiente. 2. Capitalismo. 3. Iniciativa Privada. I. Título.

　　　　　　　　　　　　　　　　　CDD 577
2022-2232　　　　　　　　　　　　CDU 574

Elaborado por Vagner Rodolfo da Silva - CRB-8/9410

Índice para catálogo sistemático:
1. Meio Ambiente 577
2. Meio Ambiente 574

---

**Produção Editorial**
Editora Alta Books

**Diretor Editorial**
Anderson Vieira
anderson.vieira@altabooks.com.br

**Editor**
José Ruggeri
j.ruggeri@altabooks.com.br

**Gerência Comercial**
Claudio Lima
claudio@altabooks.com.br

**Gerência Marketing**
Andrea Guatiello
andrea@altabooks.com.br

**Coordenação Comercial**
Thiago Biaggi

**Coordenação de Eventos**
Viviane Paiva
comercial@altabooks.com.br

**Coordenação ADM/Finc.**
Solange Souza

**Direitos Autorais**
Raquel Porto
rights@altabooks.com.br

**Assistente Editorial**
Ana Clara Tambasco

**Produtores Editoriais**
Maria de Lourdes Borges
Illysabelle Trajano
Paulo Gomes
Thales Silva
Thiê Alves

**Equipe Comercial**
Adriana Baricelli
Ana Carolina Marinho
Daiana Costa
Fillipe Amorim
Heber Garcia
Kaique Luiz
Maira Conceição

**Equipe Editorial**
Beatriz de Assis
Betânia Santos
Brenda Rodrigues
Caroline David
Gabriela Paiva
Kelry Oliveira
Henrique Waldez
Marcelli Ferreira
Matheus Mello

**Marketing Editorial**
Jessica Nogueira
Livia Carvalho
Marcelo Santos
Pedro Guimarães
Thiago Brito

---

**Atuaram na edição desta obra:**

**Revisão Gramatical**
André Cavanha
Alessandro Thomé

**Diagramação**
Rita Motta

**Capa**
Paulo Gomes

Editora afiliada à:     ASSOCIADO

Rua Viúva Cláudio, 291 – Bairro Industrial do Jacaré
CEP: 20.970–031 – Rio de Janeiro (RJ)
Tels.: (21) 3278-8069 / 3278-8419
www.altabooks.com.br – altabooks@altabooks.com.br
Ouvidoria: ouvidoria@altabooks.com.br

*Dedico este livro à minha filha, Luana Bertollucci Peçanha, e à minha "filha do coração", Olivia Bertollucci Storino. Com suas personalidades, individualidades e peculiaridades, elas são para mim a maior expressão do amor incondicional em carne e osso. Não consigo pensar em nenhuma razão melhor do que elas para trabalhar para deixar um país e um mundo melhor para as próximas gerações!*

# AGRADECIMENTOS

Agradeço ao *book advisor* Eduardo Villela por ter me assessorado tão bem, desde a concepção até a publicação deste livro, e ao Joaquim Maria Botelho, pelo meticuloso trabalho de revisão e edição final do texto.

Agradeço à equipe da Alta Books, pela confiança depositada neste projeto.

Agradeço à equipe do Rabobank, pela contribuição especial com o Capítulo 12 sobre financiamento verde. À Thais Fontes e à Mariana Saffioti, pela boa vontade e pela articulação. E à Fabiana Alves e ao Thiago Guedes, pelo tempo disponibilizado para uma entrevista extremamente frutífera.

Agradeço aos inúmeros colegas de trabalho com quem convivi na Fundação Florestal e no Ministério do Meio Ambiente — desde o ministro Ricardo Salles, até diversos servidores com quem tanto interagi! Essa incrível diversidade de perfis, de pensamentos e de experiências me proporcionou um aprendizado extremamente rico e uma visão bastante ampla sobre os temas ambientais.

Agradeço ao Thiago Fernandes, por me disponibilizar uma atenção bastante relevante quando este livro não era nem sequer um projeto, mas apenas uma ideia. E agradeço ao Fabio Rua e à Adriana Machado, pela disponibilidade, pela leitura e pelos comentários.

Agradeço à minha família, meu alicerce no sentido mais profundo e mais amplo. À minha ex-mulher, por ter "segurado as pontas" nos períodos em que estive ausente. Aos meus avós, pais, tios, irmãos, primos, sobrinhos e à minha filha, que não apenas me incentivaram, mas tiveram a convivência comigo suprimida em momentos extremamente importantes para que este livro se tornasse uma realidade. E aos meus primos Luiz Gustavo e Nina, assim como aos seus cônjuges, Lilian e Christian, que me acolheram maravilhosamente em suas casas em Londres enquanto este livro era finalizado.

Finalmente, um agradecimento especial a Deus, que colocou em minha vida todas essas pessoas e circunstâncias especiais, sem as quais seria impossível dar vida a este livro.

# SUMÁRIO

Introdução .................................................................................. xiii

**Capítulo 01**
Negócios e Conservação Ambiental Precisam
Caminhar de Mãos Dadas ............................................................ 3
    A interdependência entre governo e iniciativa privada ........................ 6
    PPPs: alternativa inteligente ............................................................. 14
    Desafios ............................................................................................ 19
    Por que as oportunidades ainda não deslancharam? ........................ 21
    Projetos em curso ............................................................................. 23

**Capítulo 02**
O que a Iniciativa Privada Precisa Conhecer sobre o
Ministério do Meio Ambiente ................................................... 29
    O Brasil em consonância com o mundo ............................................ 30
    Quais são as competências do MMA? ............................................... 31
    Origens dos recursos que financiam o MMA ..................................... 38
    O que o setor privado não sabe sobre a atuação do MMA ................ 39
    O que os órgãos ambientais podem fazer enquanto
        facilitadores de negócios ambientais ........................................... 40
    Considerações finais ......................................................................... 44

A estrutura organizacional do MMA ................................................................. 46
Entidades vinculadas ................................................................................................56
Órgãos colegiados ....................................................................................................58

## Capítulo 03

O Fundo Amazônia ......................................................................................... 67
Um breve histórico do Fundo Amazônia ............................................................. 68
A estrutura do fundo e suas falhas ........................................................................ 69
Como o fundo funcionou até 2019 ........................................................................74
O que esperar do fundo daqui em diante ............................................................83
Algumas sugestões .................................................................................................. 84
Oportunidades para a iniciativa privada ..............................................................87

## Capítulo 04

O que a Iniciativa Privada Precisa Entender Sobre o
Ibama e Como a Relação Entre Ele e as Empresas
Pode Ser Muito Mais Produtiva ........................................................................ 89
Histórico, atribuições e desafios ............................................................................90
Estrutura sobreposta ................................................................................................95
O entrave dos cargos ...............................................................................................97
Oportunidades para a iniciativa privada ............................................................. 98
Compensação ambiental, uma avenida de oportunidades ........................... 100
Antecipação de tarefas .......................................................................................... 103
Com os olhos no futuro ......................................................................................... 107

## Capítulo 05

Compensação Ambiental E Conversão de Serviços Ambientais:
Oportunidades Extraordinárias Para o Setor Privado ............................. 111
O começo da história ............................................................................................. 114
Infrações e crimes ambientais ............................................................................. 119
Boas iniciativas ........................................................................................................ 122
Erros que devem ser evitados no processo ...................................................... 124
Principais tendências para os próximos anos .................................................. 126

## Capítulo 06

O que o Setor Privado Precisa Saber sobre o ICMBio ............................. 131
Instituto Chico Mendes (ICMBio) ......................................................................... 132

Estrutura que inclui pesquisa ................................................................. 134
Origem dos recursos e problemas .......................................................... 138
Oportunidades ......................................................................................... 140
O caminho das pedras .............................................................................. 144
Patrocínios ................................................................................................ 146

## Capítulo 07

Concessões de Unidades de Conservação ............................................ 151
Modelos de concessão .............................................................................. 157
Planos de manejo ..................................................................................... 159
Deficiências das concessões de hoje ....................................................... 162
Modelos e benefícios ................................................................................ 165
Indicadores financeiros ............................................................................ 168
Como fazer ............................................................................................... 170
Minha visão de futuro .............................................................................. 172

## Capítulo 08

Como a Regulamentação do Artigo 6º do Acordo
de Paris e os Desdobramentos da Cop26 Beneficiam o
Setor Privado e o Meio Ambiente ........................................................ 175
Resultados da COP26 ............................................................................... 177
Minhas percepções da COP26 ................................................................. 180

## Capítulo 09

O Mercado de Créditos de Carbono para as Empresas Brasileiras .... 187
O funcionamento desse mercado no Brasil .......................................... 189
Quais oportunidades ele oferece às empresas? .................................... 193
Como está esse mercado hoje? Quais suas perspectivas
para os próximos anos? ........................................................................... 195
Como as empresas podem acessar o mercado de créditos de carbono ...... 198

## Capítulo 10

O Combate ao Desmatamento Pode Ser Bom
Negócio para a Iniciativa Privada ......................................................... 201
A atividade econômica freia o desmatamento ...................................... 202
Do PPCDAm ao Floresta+ ........................................................................ 206
Evitar o desmatamento dá lucro ............................................................. 208

Pagamentos por serviços ambientais ............................................................. 212
Regularização fundiária e redução do desmatamento ................................... 215
Bioeconomia e contenção de desmatamento ................................................ 218

**Capítulo 11**
Oportunidades de Negócios em Qualidade Ambiental Urbana .......... 221
O que é qualidade ambiental urbana? ............................................................ 223
Processos para prestação de serviços ambientais ......................................... 224
Organizações diretamente envolvidas com qualidade
ambiental urbana ....................................................................................... 225
Integração de serviços ...................................................................................... 230
Diferentes demandas e frentes nas quais a iniciativa privada pode
ganhar dinheiro para ajudar as cidades a se tornarem verdes ............... 234

**Capítulo 12**
Financiamento Verde: a Experiência do Rabobank ........................... 241

**Capítulo 13**
Cultura de Sustentabilidade e o Papel de Cada Área
Interna da Empresa em Relação ao Ambiental ................................... 253
ESG em 3D! ........................................................................................................ 254
O papel do conselho consultivo ou de administração, dos sócios e da
diretoria executiva na implementação de boas práticas ambientais ..... 256
O papel do CEO ................................................................................................. 258
O papel da área de operações no ambiental ................................................. 259
O papel das áreas de vendas e de *marketing* ............................................... 261
O papel da área de finanças no ambiental .................................................... 262
O papel da área de relações institucionais e
governamentais no ambiental ................................................................. 264
O papel do RH .................................................................................................. 265

Conclusão ............................................................................................. 267

Que tal a criação de um superministério para trazer
dinamismo às questões ambientais? ........................................................ 267
A integração que se quer ................................................................................. 281

Índice .................................................................................................... 283

# INTRODUÇÃO

Sempre fui orientado para resultados, conciliar interesses e agregar valor aos diferentes *stakeholders* envolvidos nos projetos em que estive envolvido, e desenvolvi minha carreira majoritariamente em consultorias antes de ter duas importantes experiências na área ambiental no setor público.

Fui CFO da Fundação Florestal, entidade ligada à Secretaria Estadual de Meio Ambiente do estado de São Paulo, responsável por mais de cem unidades de conservação, tendo liderado uma equipe técnica de mais de oitenta pessoas. E trabalhei também como assessor especial do Ministério do Meio Ambiente, tendo atuado em conjunto com diversos órgãos, tais como Ibama, ICMBio e Conselho Nacional do Meio

Ambiente (Conama), além de ter interagido com outros ministérios e com o BNDES.

Essas experiências me fizeram formar uma convicção. Nenhum governo (nem de esquerda, nem de centro, nem de direita) resolverá os problemas ambientais do Brasil. Quem resolverá os problemas ambientais do Brasil é a iniciativa privada.

Ao mesmo tempo em que formei essa convicção, notei que meu aprendizado nesses períodos de governo poderia ser útil. E o propósito deste livro é compartilhar conhecimento e oportunidades com o mercado e ajudar a conceber, alavancar e implementar investimentos em projetos em benefício do meio ambiente e do desenvolvimento sustentável.

Para cada gargalo existente no governo, há uma oportunidade para um empreendedor! Por isso resolvi escrever este livro. O objetivo é dividir minhas percepções de forma simples e conceitual. Quero que o leigo possa entender o arcabouço das políticas ambientais de maneira macro e aproveitar as oportunidades existentes — e há inúmeras!

Para aqueles que se interessarem pelo contexto amplo, é importante fazer a leitura inteira de modo bastante linear. Entretanto, o leitor que tem interesses específicos pode ir direto para o capítulo de seu interesse, sem sofrer grandes prejuízos.

Boa leitura!

CAPÍTULO

1

# NEGÓCIOS E CONSERVAÇÃO AMBIENTAL PRECISAM CAMINHAR DE MÃOS DADAS

Muitos anos antes de eu começar a trabalhar na área ambiental, aprendi que o conceito de sustentabilidade se sustenta a partir de um tripé: a variável ambiental, a variável social e a variável econômica. A minha experiência profissional como diretor da Fundação Florestal em São Paulo e como assessor especial do Ministério do Meio Ambiente, em Brasília, corrobora em absoluto essa visão. Quem pensa em meio ambiente sem pensar no social ou no econômico, portanto, corre o risco de ser utópico ou ingênuo. Na prática, o sucesso de uma política ambiental passa pelo social e pelo econômico. E é a partir dessa visão que escrevo este livro.

Assim, quando penso em sustentabilidade, penso em escolhas. Muitas vezes, quando falamos em conservação, não nos referimos a preservar 100% de uma área, mas ao menor impacto possível, ou ao melhor equilíbrio possível, ou do menor custo social, econômico e ambiental possível para o melhor benefício possível. Traduzindo: sem emprego e renda, não é possível preservar o meio ambiente. Logo, os negócios e a conservação ambiental precisam andar de mãos dadas. Não há outro caminho.

Como diretor da Fundação Florestal do estado de São Paulo, aprendi que, quando restringimos a circulação de pessoas em uma unidade de conservação porque queremos preservar o meio ambiente, acabamos por restringir a circulação dos turistas e das pessoas da sociedade local, que se beneficiariam do turismo. Mas não restringimos o palmiteiro, nem o caçador, nem o sujeito que desovará carro roubado ou traficará entorpecentes.

Penso que a noção de conservação está muito focada no preceito que o Instituto Semeia[1] chama de ganha-ganha-ganha. Quando tentamos preservar o meio ambiente sem levar em consideração as pessoas que estão lá e as questões econômicas que as envolvem, a preservação não acontece de fato. O que se descobriu é que o melhor fiscal para o palmiteiro e outros delinquentes é o turista — e também o morador local ou quem ali trabalha. Permitir atividade econômica — que, aliás, já existe na localidade — buscando o menor impacto ambiental

---

[1] O Instituto Semeia, fundado por Pedro Passos, acredita na iniciativa privada administrando parques. Mais informações neste endereço: <https://www.semeia.org.br/>.

possível com o melhor resultado econômico possível para a sociedade dali. Ou seja, ganha o empreendedor, ganha a sociedade local e ganha o meio ambiente. E quando os *stakeholders* locais se apropriam daquele território, de maneira não apenas social, mas também econômica, a tendência é a de obtenção do melhor resultado de conservação.

Eventualmente, uma árvore, ou um sítio, ou um bioma que seja coisa absolutamente rara e não possa ter qualquer impacto pode ter o contato restringido. A legislação diz, por exemplo, que uma caverna de beleza única não pode ter intervenção alguma. A definição de beleza única traz em si muita subjetividade, o que é um dos pontos da questão. Outro ponto é aquele em que, por exemplo, se um trecho da Mata Atlântica tiver uma exploração de pequena monta e estiver no caminho necessário e urgente para ligar o planalto paulista ao litoral, que beneficiaria 20 milhões de pessoas. Quero dizer com isso que é preciso contrapor o valor econômico à necessidade de preservação. Novamente, digo que não devemos dissociar do componente ambiental os componentes social e econômico. Mas sei que há casos específicos em que se ponderará mais um determinado aspecto em relação ao outro. Pode haver casos em que a preservação de um bem seja urgente e indispensável. E pode haver casos em que será preciso comprometer um trecho do meio ambiente para garantir a geração de energia para um grande volume de população da área. A ponderação será sempre dentro da equação ganha-ganha-ganha, e, para isso, há a compensação ambiental. Existe lei para isso e, na minha visão, é um mecanismo ainda mal utilizado pela iniciativa privada, já que normalmente o empreendedor fica esperando o órgão licenciador dizer o que deve ser feito, quando podia ser mais propositivo. A empresa pode apresentar o plano, identificando o impacto e já apontando a compensação ambiental que oferecerá.

Em suma, não defendo de modo algum a devastação, invasão ou ocupação sem regras, mas não acredito em preservação ambiental isoladamente, separada de visão socioeconômica. Isso é utopia. Acredito, sim, em uma visão conservacionista, que contemple o amor pela natureza, por meio de uma convivência humana em harmonia com o uso sustentável.[2]

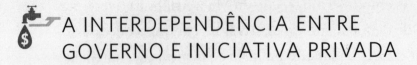

## A INTERDEPENDÊNCIA ENTRE GOVERNO E INICIATIVA PRIVADA

Os governos trabalham com orçamentos cada vez mais apertados, com prioridades claras para gastos sociais. Por outro lado, a iniciativa privada tem dinheiro e tem disposição para investir, o que não acontece com todos os outros setores da economia. Pode parecer básico, mas não é. Capital é importantíssimo para qualquer atividade, e o Ministério do Meio Ambiente conta com um orçamento de menos de R$2 bilhões por ano,

---

[2] Foi fundamental, para a condução de meu raciocínio, o artigo de Suzana Padua, doutora em educação ambiental, presidente do Instituto de Pesquisas Ecológicas (IPE), *fellow* da Ashoka, líder Avina e Empreendedora Social Schwab. O artigo "Afinal, qual a diferença entre conservação e preservação?", publicado em 2006 pelo *Jornal Eco*, está disponível em: <https://oeco.org.br/colunas/18246-oeco-15564/>.

minúsculo em relação ao do Ministério da Educação, em torno de R$80 bilhões, e o da Saúde, com cerca de R$100 bilhões. Estamos falando de recursos para políticas ambientais, recursos necessários, mas que o governo não tem para colocar.

Ainda que o governo tivesse recursos, não tem dinamismo, agilidade de planejamento e execução. Por seu lado, a iniciativa privada, para investir, não está sujeita a legislações, não presta contas para o Ministério Público, para o Tribunal de Contas, para a CGU. Portanto, a iniciativa privada tem muito mais liberdade e dinamismo do que o governo.

Além de ter dinheiro e dinamismo, a iniciativa privada está sendo pressionada a investir, porque os indicadores serão cada vez mais cobrados na questão do ESG (termo em inglês para meio-ambiente, social e governança). Os fundos de investimento, os bancos, as instituições de fomento e até os bancos públicos, como o BNDES, estão evitando investir em empresas que não têm bons indicadores no que tange ao ESG. Assim, as empresas buscam solidificar sua política nesse aspecto para manterem acesso não apenas ao mercado consumidor, mas também ao capital mais barato. Empresas listadas em bolsa, por exemplo, além de seus balanços e balancetes, normalmente publicam um relatório de sustentabilidade, ou de responsabilidade socioambiental. Enfim, é uma questão financeira.

Mas ainda é enorme a distância entre o que a iniciativa privada faz efetivamente pelo meio ambiente e o que realmente pode ser feito. Hoje, uma empresa instala uma horta no telhado de sua planta industrial e já lança o investimento como política ESG; ou implementa uma Reserva Permanente de Proteção Natural (RPPN) em sua fazenda, tornando-se responsável pela fiscalização e preservação, e lança em seu relatório de sustentabilidade. Ainda que ações como essas sejam positivas e até desejáveis, o retorno do ponto de vista ambiental sobre o investimento feito é pequeno, se comparado a um investimento da mesma ordem em conjunto com o governo. Pensemos em áreas: a Fundação Florestal, por exemplo, cuida de 18% da área do estado de São Paulo; apenas a Estação Ecológica de Juréia-Itatins, somada ao Parque da Serra do Mar, cobre o território que vai do Paraná até o Rio de Janeiro. Ou seja, um investimento em parceria com a Fundação Florestal provavelmente teria um impacto ainda mais positivo do ponto de vista ambiental. E, à medida que o mercado começar a escrutinar os indicadores de impacto dos investimentos socioambientais, os investimentos em parcerias com os governos tendem a aumentar.

*Para a construção de soluções, é preciso inovar, pensar em coisas que não foram pensadas, e quem sabe fazer isso é a iniciativa privada, porque o governo não é eficaz para inovar.*

Finalmente, há problemas que estão postos, mas não têm solução, ainda. O governo, pela sua lentidão e seu excesso de burocracia, não consegue pensar diferentemente do que está acostumado. Para a construção de soluções, é preciso inovar, pensar em coisas que não foram pensadas, e quem sabe fazer isso é a iniciativa privada, porque o governo não é eficaz para inovar. E mais: a iniciativa privada pode errar e aprender com o erro — o governo não pode. Estamos falando de funcionários concursados, com estabilidade. Um ambiente com estabilidade não é propício para inovação. Não estou fazendo juízo de valor, até porque considero muito bom o nível do funcionalismo público de Brasília. Estou apenas constatando o fato de que eles não estão inseridos em uma cultura de dinamismo, nem de inovação, e não podem errar, porque estão sujeitos a outro arcabouço jurídico e institucional, no qual inúmeros parâmetros têm que ser seguidos.

Quando penso em inovação, penso no Vale do Silício, ou em ambientes como o Cubo ou o InovaBra Habitat, em São Paulo, onde vivem diversas *startups*. Gente quebrando a cabeça para conceber modelos de negócios que podem dar errado. Investidores de *venture capital* (capital de risco) investem, erram, aprendem com os erros, erram de novo, até que um dos negócios dá certo e cresce muito rapidamente de forma exponencial. O governo não tem essa lógica. Ao contrário, a lógica do governo é oposta — tem pouca margem para inovação, para construir e para errar.

Não quero dizer que o governo está errado em se manter longe disso, porque precisa trabalhar com parâmetros claros e definidos, precisa dar o mínimo de estabilidade para a sociedade. É assim com governos do mundo inteiro. A inovação, em governos, pode acontecer pontualmente, mas não é regra. E é preciso dizer que às vezes as empresas atingem um tamanho que também as torna mais lentas e menos inovadoras — e o que fazem é comprar *startups* para levar gente inovadora para dentro de casa e não se acomodarem. A empresa privada tem mais dinamismo, tanto para fazer quanto para contratar e incentivar a inovação.

Quando fiz MBA, tive uma matéria chamada *Complexity Thinking*. Nessa matéria, os problemas eram divididos em quatro tipos: simples, complicados, complexos e caóticos. Fritar um ovo é um problema simples. Construir um avião é um problema complicado, porque o ser humano domina o processo inteiro. Todas as peças do avião são conhecidas pelos engenheiros. Cuidar do meio ambiente é complexo, porque existem inúmeras variáveis que não conhecemos e que não nos conhecem. O quarto tipo, depois do complexo, é o caos — por exemplo, a queda de um avião.

Para lidar com problemas complexos, as organizações da iniciativa privada têm métodos. Utilizam, por exemplo, o *Design Thinking*, metodologia que permite a experimentação e até "celebra" o erro, para que se possa aprender e inovar em busca de uma solução inexistente. É importante pensar que isso está muito longe da realidade e da cultura dos governos.

Há problemas que envolvem índios, quilombolas, fazendeiros, sociedades locais, garimpeiros, grileiros. Com variáveis como os linhões de transmissão, a pressão pelo desmatamento, a falta de saneamento etc. Precisamos abraçar essa complexidade, entendendo que não daremos conta de tudo. Lembro-me de uma aula de liderança que tive em Boston e que consistia em velejar. Explico por que estou falando disso. Quando pegamos uma lancha, usamos a lógica do motor. Navegamos em linha reta, na velocidade mais adequada, para chegar no menor tempo possível. Para velejar, é diferente. Precisamos ver para onde o vento está indo e avançar fazendo ziguezagues. E às vezes, o ziguezague mais longo é mais eficiente do que o mais curto, ou vice-versa. Menciono essas questões porque são temas a respeito dos quais é preciso ir sentindo, testando, e os governos não estão preparados, em seus mecanismos de governança, para cuidar dessas complexidades.

Uma parte dos homens e mulheres de negócio considera que a preservação e a gestão do meio ambiente são competência do Estado. Não quero aqui discutir premissas, fazer diagnósticos e aprofundar debates com o intuito de convencer esses empresários. O que se coloca aqui é o que a realidade está esperando de todos. Uma imagem ambiental ruim, não importa de quem seja a culpa, impactará as exportações e a obtenção de créditos e de investimentos. Portanto, uma atuação ambiental positiva é necessária para os negócios.

Assim, do ponto de vista jurídico, eles têm razão, e é competência do Estado zelar pelo meio ambiente. Ocorre que, do ponto de vista de gestão, as competências necessárias para cuidar bem do meio ambiente não estão no Estado. Sejamos objetivos, então.

Há inúmeras oportunidades de lucros e ganhos de reputação para a iniciativa privada na preservação ambiental. E ser considerado ambientalmente responsável é uma obrigação também das empresas, que precisam acessar capital e mercado consumidor. Dinamismo, capital e cultura de inovação, então, são competências fundamentais para a preservação ambiental, presentes na iniciativa privada, e não nos governos.

Já existe uma consciência do mercado de que fazer só o que se deve não é mais suficiente. Fui, certa vez, a uma empresa preparado para convencer a diretoria a participar do Programa Adote um Parque,[3] do Governo Federal. Levei números, argumentos, ideias e fui para a reunião. Sentei-me, a diretora chegou, cumprimentou-me e disse: "Queremos adotar um parque. O que precisamos fazer?"

Conto isso para mostrar que há grande número de empresas decididas a investir na preservação ambiental, em parte por consciência e em parte por obrigação. Essa executiva que acabo de mencionar me disse que a empresa não tinha grande relação com a Amazônia, mas entendia que precisava ir além e fazer ainda mais pelo país.

Terei que contar uma verdade doída que muita gente já percebeu: não tem Estado, nem de esquerda, nem de direita, nem de alto, nem de baixo, nem de centro, que conseguirá dar conta do meio ambiente sem a iniciativa privada. A questão não é jurídica ou ética, é prática. Sem dinheiro, sem o capital, sem a visão e sem o dinamismo da iniciativa privada, não há como

---

[3] Para conhecer mais sobre o programa, visite o site: <https://www.gov.br/mma/pt-br/assuntos/areasprotegidaseecoturismo/adoteumparque>.

preservar o ambiente, mesmo que se juntem governo, sociedade civil, academia e quem mais chegar. As iniciativas governamentais, de grupos sociais e de ONGs melhoram em parte a situação, mas não resolvem. As mudanças estruturantes dependem da iniciativa privada.

Agora contarei outra verdade doída que pouquíssima gente já percebeu: a iniciativa privada, que já compreendeu que é preciso ir além nas questões ambientais, ainda não compreendeu que a melhor forma de ir além é trabalhando em conjunto com os governos. Quanto mais os indicadores de impacto dos investimentos ambientais forem escrutinados, mais se perceberá que os resultados serão substancialmente maiores quando as ações forem feitas em parcerias com os governos. É possível, e até provável, que muitos executivos da iniciativa privada demorem para mergulhar nessa direção. Não preciso explicar aqui o óbvio: empresas sérias, que podem, preferem fazer seus projetos sem envolver governos. Convenhamos que o governo não é o parceiro dos sonhos. Mas, à medida que se buscar melhorar desempenho dos indicadores dos investimentos ambientais, não haverá melhor caminho! E se notarmos que o desempenho dos indicadores de ESG já está sendo ponderado para definir valores dos bônus dos executivos, não é difícil imaginar que a resistência tende a diminuir bastante.

Portanto, assim como os governos, nos três níveis — municipal, estadual ou federal —, precisam da iniciativa privada para preservar o meio ambiente, a iniciativa privada precisa dos governos para fazer projetos ambientais escaláveis e com bons indicadores. E as parcerias entre governos e a iniciativa privada são inexoráveis e devem avançar muito nos próximos anos.

## PPPS: ALTERNATIVA INTELIGENTE

Os mercados, por exemplo, de linhões de transmissão elétrica, aeroportos e rodovias, em que as concessões já operam há décadas, são o que chamamos de mercados maduros. Neles, há mais competição, e a taxa de retorno é menor; demandam investimento alto, e o retorno sobre investimento (ROI) é mais ou menos sabido, porque já foram feitas concessões semelhantes. Enfim, os riscos são razoavelmente conhecidos, e, por isso, os investidores aceitam retornos relativamente baixos.

As concessões ambientais ainda não são regra. No âmbito federal, existem algumas concessões de parques. Há as três operações do Grupo Cataratas, responsável por Fernando de Noronha, Cataratas do Iguaçu, Floresta da Tijuca e mais algumas, como Itatiaia e Chapada dos Veadeiros. E existem também algumas pelo país afora, no nível estadual e até municipal. Mas os modelos de concessão anteriores, por serem poucos, foram embasados em um regramento muito grande, de tal forma que o privado só podia investir de acordo com o gestor do parque. Mas há um componente que se chama plano de manejo, que determina, em função da necessidade de preservação, quantas pessoas podem circular e em qual área, e quais espaços de patrimônios naturais não podem admitir circulação. Assim, as novas concessões têm sido feitas em um modelo no qual é o privado que decidirá se colocará operação de bicicleta ou de patinete. Não sendo proibido e estando dentro dos parâmetros ambientais, o empresário poderá ter cada vez mais liberdade para investir, de tal forma que tenha quase um oceano azul para a inovação.

A maior parte dos investimentos em meio ambiente, em regra, segue o modelo de *middle market*. É o mercado que não é bilionário — estamos falando de dezenas e até centenas de milhões de reais —, com alguns riscos e *muitas* oportunidades ainda desconhecidos. O volume de investimentos é menor, e a taxa de retorno tende a ser maior do que os investimentos em mercados mais maduros. Do ponto de vista do investidor, ele está entrando em um mercado ainda pouco competitivo, com espaço para inovar e fazer muito com um capital razoavelmente baixo e ainda ter um retorno alto em razão de o mercado ser verde (no sentido de que ainda não está maduro). As empresas que investem em projetos de *middle market* têm mais pontos positivos. Por ser um negócio menor, consegue-se uma agilidade melhor, mais impacto e retorno maior.

Uma comparação didática. O aeroporto de Macapá, recém-inaugurado, de baixa relevância para o sistema Infraero, teve um investimento de R$200 milhões. Em contraposição, o Parque Nacional de Aparados da Serra e Serra Geral, na fronteira de Santa Catarina e Rio Grande do Sul, com seus cânions, teve uma concessão por meio de leilão, na qual o vencedor investirá R$280 milhões. São R$260 milhões de investimento ao longo do contrato, mais R$20 milhões de outorga, em um parque excepcional, de imenso potencial de visitação, o que avivará a economia da sociedade local e dará retorno ao acionista — que, por sua vez, preservará para garantir que a visitação prossiga e aumente. Se fizéssemos um paralelo entre o mercado de parques e de aeroportos, este certamente estaria entre os mais importantes do país e certamente demandaria bilhões de reais de investimentos.

Usarei como exemplo agora o Parque Estadual do Rio do Turvo, que visitei quando fui diretor da Fundação Florestal em São Paulo. Trata-se de um parque relativamente pequeno, cuja sede fica pertinho da Rodovia Régis Bitencourt, no sul do estado de São Paulo, distante aproximadamente 150km da cidade de Curitiba e aproximadamente 250km da cidade de São Paulo. Lá havia um pequeno museu da Mata Atlântica, um lindo mirante com vista para uma cachoeira e a chamada "caverna do Lamarca", que, apesar de não ser uma das cavernas mais lindas, tem um importante componente histórico por se tratar do local onde Carlos Lamarca e sua guerrilha se esconderam do regime militar. Enquanto esse parque está administrado pela Fundação Florestal, um empreendedor poderia colocar um restaurante no local do mirante, oferecer visitas à caverna do Lamarca e ao museu da Mata Atlântica, talvez com um investimento de menos de R$1 milhão, gerando emprego e renda na região e propiciando uma boa alternativa de parada para quem se desloca por via terrestre entre o Sul e o Sudeste. Resumindo: se para investir em um aeroporto relativamente pequeno como o de Macapá, são precisos R$200 milhões, para investir em um parque relativamente pequeno, pode ser necessário menos de R$1 milhão. E há pelo menos centenas (talvez milhares) de parques em condições semelhantes ao Parque do Rio do Turvo espalhados entre as aproximadamente 3 mil unidades de conservação do Brasil.

Quando falamos de Parcerias Público-Privadas (PPP), porém, não estamos falando somente de concessão de uso público de unidades de conservação.

O que será construído e gerará retorno, com certeza, serão modelos de concessões que englobem também variáveis como créditos de carbono e pagamentos por serviços ambientais. Em um futuro próximo, o acionista que operar uma concessão não apenas ganhará o dinheiro do ingresso, do restaurante e de passeios, mas verá o quanto de carbono e de biodiversidade está resgatando, o quanto de sociedades tradicionais está ajudando. E irá ao mercado rentabilizar seus investimentos, seja por meio de vendas de crédito de carbono ou da venda de serviços ambientais. Falarei mais sobre esse tema adiante.

Outro bom exemplo de PPP é a agenda de qualidade ambiental urbana. Pode-se conceder à iniciativa privada a reciclagem do lixo. Uma vez, recebi no Ministério do Meio Ambiente a secretária de Meio Ambiente de um município do Mato Grosso. Ela reclamava que tinha um orçamento de R$11 milhões, mas gastava R$8 milhões só em coleta de lixo. Perguntei a ela quanto reciclava do lixo, e ela respondeu que nada. Sugeri que lançasse um edital, definindo que quem pagasse mais pela coleta poderia ficar com todo o material reciclado.

Esse exemplo mostra que não basta o poder público buscar parcerias nos modelos de PPPs, mas seria ótimo que a iniciativa privada provocasse o poder público. A iniciativa privada, mais ágil, mais inovadora e mais criativa do que os governos, pode colocar de pé um projeto de concessão para seus serviços ambientais e propô-lo ao poder público.[4] E a PPP é indicada para qualquer projeto, não só para parques ou lixo. Serve para tudo. Quanto mais o investidor tiver possibilidade de ele próprio pagar ao município, melhor o negócio, porque o risco de não receber é nulo, já que o município não deixará de dar lixo para ele, nem água para ele tratar.

Isso não seria também uma solução para as famosas "máfias do lixo"? E, por falar nisso, para quem gosta do tema, vale acompanhar o que está acontecendo com a Orizon, uma empresa que apostou em um modelo de negócios totalmente distinto da antiga prestação de serviços para prefeituras, já abriu o capital e vem ganhando mercado em escala por tratar o lixo como um ativo.[5]

Na montagem dos serviços ambientais combinados, o investidor pode fazer um serviço só e atender a vários municípios de uma região por meio de um consórcio, ou atender a

---

[4] Obedecendo, naturalmente, o processo de manifestação de interesse privado, dentro da Lei nº 13.529, de 4 de dezembro de 2017.

[5] Conheça mais sobre a Orizon Valorização de Resíduos em: <https://orizonvr.com.br/>.

uma localidade só, mas com mais serviços. Se, muitas vezes, em apenas uma localidade ou um serviço, isoladamente, o negócio não é viável, em muitos casos, uma combinação de localidades ou de serviços torna o investimento interessante.

Além de concessões, programas de parcerias como o Adote um Parque, também o pagamento por serviços ambientais e a compensação ambiental são elementos que podem ampliar o raciocínio aplicado ao modelo que se discutirá, de PPPs. Se, por um lado, as PPPs são mais complexas, por outro, podem ser ainda mais necessárias em vários setores e permitir uma lucratividade ainda maior aos investidores.

## DESAFIOS

O modelo das PPPs configura o que de melhor existe no momento. Obviamente, terão que ser feitas algumas calibragens, pois as pressões da sociedade civil virão, e, provavelmente, o número de investidores aumentará. E os investimentos possivelmente darão mais retorno que o esperado. Claro que não podemos ser presunçosos e afirmar que todo o mundo ganhará dinheiro com as PPPs. É um instrumento de mercado que traz consigo riscos. No caso do meio ambiente, ainda está, em alguns casos, sendo "maturado", e haverá um processo de calibragem e consolidação. Mas podemos afirmar, sem sombra de dúvidas, que o modelo mais adequado que já apareceu para a preservação ambiental é esse. E, como se diz no interior, "boi que chega primeiro bebe água limpa".

Mercado e Estado precisarão fazer aperfeiçoamentos em razão da dependência mútua, e a melhor ferramenta é a mensuração de indicadores. Qualquer projeto que uma empresa possa fazer sozinha, por mais bonito que pareça no relatório de sustentabilidade para ser apresentado aos seus *stakeholders*, por exemplo, é bem menor do que um projeto que ela possa fazer com algum governo. Quando os indicadores ambientais passarem a ser considerados pelo mercado — e isso está começando a acontecer —, a alavancagem desses indicadores, por parte da empresa, acontecerá na medida em que ela atuar em parceria com os governos. Porque o impacto ambiental em projetos desse porte são muito maiores e agregarão credibilidade ao mercado.

Se a empresa optar por pagamento por serviços ambientais em uma área de pressão por desmatamento, por exemplo, também terá indicadores muito positivos, porque evitará o desmatamento dessa área.

Gestores de fundos de investimento e de entidades de fomento já fazem pressão sobre as empresas para melhorarem seus indicadores de responsabilidade socioambiental, e do ponto de vista ambiental, o caminho, muitas vezes, será buscar PPPs. A sociedade civil, preocupada com o futuro do meio ambiente para seus filhos, também pressionará as empresas, por meio de associações e organizações. Portanto, se não há um modelo de PPPs arrumadinho e perfeito desde o início, a tendência que vemos é a de um processo de calibragem e de progresso contínuo.

## POR QUE AS OPORTUNIDADES AINDA NÃO DESLANCHARAM?

O histórico da política ambiental brasileira foi feito por e para acadêmicos e a sociedade civil, e foi a base sobre a qual os governos se apoiaram para promover suas iniciativas. Não existe demérito nisso, porque, quando a sociedade civil e a academia começaram a pensar na necessidade de preservação ambiental, certamente esse fator não estava entre as prioridades da iniciativa privada. E, assim como as empresas não davam prioridade ao meio ambiente, as políticas ambientais historicamente não consideraram a iniciativa privada de forma relevante.

Entretanto, a realidade mudou bastante, e a preservação ambiental está hoje também entre as prioridades das empresas. Isso já se vê de maneira nítida e clara em qualquer veículo de imprensa que cubra economia e negócios. Estive em Glasgow para eventos paralelos à COP26. A presença da iniciativa privada foi histórica. E se a sociedade civil liderou a agenda ambiental durante décadas, é nítido que a iniciativa privada está agora assumindo o protagonismo.

Até há pouco tempo, não se pensava na iniciativa privada para resolver um problema ambiental. O viés sempre foi de buscar uma ONG ou alguma agência governamental.

Na prática, com projetos bons ou ruins, não se conseguiu ter uma apropriação. O arcabouço ambiental previa recursos para as ONGs, os estados e o Governo Federal, e cada um fazia seus próprios projetos. Se houve transparência, o que é notável, a avaliação foi quase sempre parcial, na minha visão, porque os projetos eram avaliados pela ótica de quem era beneficiado, e não levando em conta a escala do retorno socioambiental sobre o investimento.

Outra questão muito relevante é a politização do tema ambiental nos noticiários. Vimos muita discussão sobre forma e método e quase nada sobre conteúdo — é como debater sobre a espuma e não falar do chope! Debaixo dessa camada de disputa política (a espuma) está um arcabouço que está sendo caracterizado e cada vez mais convidativo para a iniciativa privada e que ainda não está visível para todos (o chope). E esse modelo será amplamente aceito. Pode demorar seis meses ou seis anos, mas esse é o caminho. É inevitável. Ainda mais após a regulamentação do artigo 6º na COP26.

No caminho estão as variáveis: a iniciativa privada pode confiar rapidamente ou demorar; pode ficar reticente por maior ou menor tempo com a preocupação em absorver risco de ver transferidas para si competências dos governos, ou não; os governos podem ser ágeis no processo, ou não. Os órgãos de controle, como os tribunais de contas, as controladorias e o Ministério Público, assim como o Poder Judiciário, podem demorar mais ou menos tempo para consolidar um modelo, ou mesmo uma jurisprudência. Enfim, se é fato que há muita água por passar por debaixo da ponte, também é fato que, independentemente de conflitos, os resultados estão começando a surgir. As concessões de parques e de saneamento são exemplos. O pagamento por serviços ambientais também, sobretudo em função do mercado de carbono. Todos com regulamentação que permite agilidade e orientados para buscar investimento na iniciativa privada.

## PROJETOS EM CURSO

Acredito muito em patrocínios a parques. Para mim, é uma iniciativa modelar já presente em portarias de órgãos como o ICMbio e a Fundação Florestal. Apesar de ainda vermos investimentos relativamente tímidos, é provável que haja um aumento exponencial nos próximos anos. E existem também vários projetos em diversas áreas, como extrativismo, ecoturismo e agenda de qualidade ambiental urbana, especialmente em municípios com menos de 200 mil habitantes, que precisam fazer parceria com a iniciativa privada porque estão sufocados pelo custo dos serviços de lixo e limpeza urbana.

A agenda de pagamentos por serviços ambientais, na minha visão, será muito importante, porque mostrará resultados.

Aqui é possível remunerar quem protege a floresta. Na ponta. E isso será um mercado enorme no Brasil.

A compensação ambiental já é um mercado muito grande e pode aumentar significativamente na hora em que as empresas entenderem que podem ser mais proativas. Empresas que farão um investimento de impacto ambiental negativo são obrigadas por lei a fazer um investimento de compensação ambiental. Ou seja, um investimento de impacto positivo para compensar o impacto negativo gerado. Normalmente, isso é uma condicionante para sua licença ambiental.

À medida que as empresas que propuserem alguma coisa de impacto negativo aprenderem a propor junto um grande projeto de compensação, haverá um ganho de eficiência enorme para o Estado, para as empresas e para o meio ambiente. Assim, não será necessário esperar o organismo determinar qual é a compensação adequada. E devem envolver a sociedade local antes do impacto. No Brasil, duas empresas fazem isso muito bem: a Vale e a Petrobras. Mas é um mercado que tende a crescer muito, e a compensação pode ser feita com muito mais estratégia.

Nesse contexto, problemas que estão historicamente sob a gestão do Estado podem ser também excelentes oportunidades de atuação para a iniciativa privada.

A falta de regularização fundiária, por exemplo, é um problema histórico-chave, responsável por inúmeras dificuldades ambientais. Se um determinado pedaço de terra tem um dono, ele é o responsável por cumprir a legislação. Mas se não há um dono, fica mais difícil a responsabilização por crimes ambientais naquela área.

Além disso, há inúmeros conflitos gerados pela falta de indenização. Muitas vezes, a União, os estados e os municípios decretaram unidades de conservação em determinados locais e simplesmente não indenizaram os proprietários das terras. Ou seja, se antes eles podiam produzir, simplesmente tiveram os seus direitos limitados e não foram indenizados.

Assim, dentro do mecanismo de compensação ambiental, a regularização fundiária é um mercado gigante. Existem, portanto, várias oportunidades para a iniciativa privada regularizar. Em outras palavras: se a propriedade for declarada parque, ela perde valor, mas se for declarada uma reserva, ela tem algum tipo de valor de mercado. E se o ICMBio for cuidar da reserva, ela vale mais do que se o comprador se encarregar disso. Isso porque a pessoa ou empresa que compra uma reserva fica responsável por ela para sempre, em caso de qualquer dano ambiental, seja incêndio, desmatamento ou o que for. Mas, dentro de parques, há reservas que não foram regularizadas e ninguém indenizou o antigo proprietário. O investidor pode comprar a reserva e doá-la para o ICMBio — se pegar fogo, o problema é do ICMBio. É, basicamente, a compensação ambiental mediante regularização fundiária. E que não se aplica apenas a unidades de conservação.

Em termos de incentivos para a iniciativa privada desenvolver negócios ligados ao meio ambiente, o que existe no Brasil ainda é muito pouco. Temos o instituto do Procedimento de Manifestação de Interesse (PMI) e o Programa Adote um Parque, mas tudo embrionário. Temos o recente Programa Floresta+,[6] todos condicionantes das licenças.

Mas a própria legislação ambiental tem algum tipo de consolidação que pode ser mais bem utilizada. O arcabouço, por si só, hoje, já é muito convidativo para a iniciativa privada. Falta melhorar, mas, principalmente, falta que lhe seja dada publicidade. E, a partir do conhecimento e da prática, provavelmente será melhorado.

O mercado está sendo não só convidado, mas convocado para dentro dessa ciranda. E assumirá esse papel, porque os outros atores não conseguiram, de maneira escalável, soluções para a questão ambiental.

As empresas terão que trabalhar nesse panorama, seja porque querem acessar o mercado, seja porque acham que é sua vocação, seja porque sabem que, se não fizerem isso, não terão mercado amanhã, seja porque estão preocupadas com o meio ambiente, seja porque precisam acessar o capital barato, seja porque realmente têm a consciência de que podem fazer um pouco mais. É a melhor aposta que podemos ter para o Brasil neste momento. Porque a pressão por fazer é grande.

---

[6] Para mais detalhes, acesse este endereço eletrônico: <https://www.gov.br/mma/pt-br/assuntos/servicosambientais/florestamais/ProgramaFloresta.pdf>.

E por que posso falar com você, leitor, com essa naturalidade?

Porque fui diretor da Fundação Florestal, porque fui assessor especial do Ministério do Meio Ambiente e porque sou empreendedor. Outra pessoa, com experiência semelhante à minha, mas sem o viés empreendedor, não enxergará isso.

Estou convicto de que é necessário difundir e comunicar, o máximo que pudermos, para que seja percebido o tamanho das oportunidades. A propagação dessas oportunidades é o objetivo deste livro.

No próximo capítulo, explicarei de forma simples a estrutura e o funcionamento do Ministério do Meio Ambiente. Compreender como atua a pasta no dia a dia é fundamental para que você, investidor, executivo ou empreendedor, veja como acontece a gestão pública ambiental e, assim, tenha condições de tomar melhores decisões ao investir em negócios ambientais.

CAPÍTULO

**2**

# O QUE A INICIATIVA PRIVADA PRECISA CONHECER SOBRE O MINISTÉRIO DO MEIO AMBIENTE

Divido este capítulo em duas partes. A primeira parte, para os leitores, de maneira bastante conceitual, e, em função de minhas experiências, apresento a missão e as competências do Ministério do Meio Ambiente (MMA).

A segunda parte deste capítulo é mais técnica e detalha a estrutura do MMA, recomendada apenas para os leitores que estão realmente interessados em entendê-la em detalhes. Para os leitores interessados no entendimento conceitual, recomendo que não leiam essa parte, já que ela poderá ser uma leitura "pesada" e pouco aplicável.

## PARTE I

Nosso objetivo aqui é trazer algumas orientações a respeito de como a iniciativa privada pode, a partir do entendimento do alcance e das enormes limitações dos órgãos que compõem o Ministério, direcionar melhor suas ações em negócios ambientais. Procuraremos instruir sobre como é possível entender os principais órgãos ambientais, suas inúmeras limitações e suas demandas.

A partir desse entendimento mais macro, será possível para o leitor começar a entender as oportunidades de atuação e desenhar estratégias para isso.

## O BRASIL EM CONSONÂNCIA COM O MUNDO

Em junho de 1992, o Brasil — e mais especificamente a cidade do Rio de Janeiro — sediou a Conferência das Nações Unidas sobre o Meio Ambiente e o Desenvolvimento, também conhecida como Cúpula da Terra ou, mais simplesmente, Rio-92. O evento repetia o primeiro grande encontro sobre meio ambiente, que havia se realizado vinte anos antes, em Estocolmo, na Suécia. A Rio-92 reuniu mais de cem chefes de Estado para debater formas de desenvolvimento sustentável — um conceito relativamente novo à época.

Em alinhamento com os debates e as conclusões, o governo brasileiro criou o Ministério do Meio Ambiente (MMA) em novembro de 1992, com a missão de formular e implementar políticas públicas ambientais nacionais, de forma articulada e pactuada com os atores públicos e a sociedade, para o desenvolvimento sustentável.

## QUAIS SÃO AS COMPETÊNCIAS DO MMA?

Em 11 de agosto de 2020, por meio do Decreto nº 10.455, o governo brasileiro atualizou a estrutura organizacional do MMA.

Resumidamente, trata-se de uma estrutura pequena em relação aos demais ministérios. Assim como em todos os demais ministérios, há o Gabinete do Ministro (um paralelo na iniciativa privada seria o CEO) e há uma Secretaria Executiva (finanças, operações e toda a área administrativa seria um paralelo). Subordinadas ao Gabinete do Ministro, mais cinco secretarias:

- Clima e Relações Internacionais
- Biodiversidade
- Qualidade Ambiental
- Amazônia e Serviços Ambientais
- Áreas Protegidas

As secretarias têm orçamentos bastante pequenos e são responsáveis, basicamente, por articular políticas públicas. Além delas, há mais três entidades vinculadas:

- Instituto de Pesquisas Jardim Botânico do Rio de Janeiro
- Instituto Brasileiro do Meio Ambiente e dos Recursos Naturais Renováveis (Ibama)
- Instituto Chico Mendes de Conservação da Biodiversidade (ICMBio)

O Ibama e o ICMBio são dois braços de execução de maior relevância. Mas mesmo essas entidades têm força, estrutura e orçamento diminutos para o tamanho de suas tarefas, por isso ganham eficiência ao construir projetos e iniciativas com terceiros.

O Ibama (tema do Capítulo 4) é um organismo amplo, com várias competências. As atividades mais importantes, em minha visão, são a fiscalização e o licenciamento. Entretanto, vemos que o Ibama tem numerosas outras competências. Um exemplo é analisar o impacto de defensivos agrícolas sobre o meio ambiente e autorizar que esse produto seja vendido no mercado — o que, na minha opinião, nem precisaria estar subordinado ao Ibama, já que isso poderia ser feito com eficiência pela Secretaria de Qualidade Ambiental do Ministério.

O ICMBio (tema do Capítulo 6) também tem grande amplitude de atuação. Cabe a ele, entre outras tarefas, fomentar e executar programas de pesquisa, proteção, preservação e conservação da biodiversidade e exercer o poder de fiscalização ambiental para a proteção das unidades de conservação federais, que hoje são 334 e abrangem aproximadamente 10% do território nacional.

Composto por essa estrutura, o decreto estabelece as competências do MMA, que comentarei a seguir:

### I. Política nacional do meio ambiente

O estabelecimento de uma política nacional deve levar em conta a integração com outros ministérios (e também com outros entes federativos, como estados e municípios). É absolutamente impossível o MMA conseguir, sozinho, realizar a política nacional do meio ambiente, porque depende de outras políticas públicas que envolvem outros ministérios. Por exemplo, para tratar de energia renovável, como a solar, fotovoltaica e eólica, é preciso atuar em conjunto com o Ministério de Minas e Energia; segurança hídrica ou saneamento básico são questões que passam pelo Ministério do Desenvolvimento Regional; e é preciso repartir tarefas com o Ministério da Ciência, Tecnologia e Inovação em uma parte da utilização sustentável e da conservação de ecossistemas.

O que cabe na prática ao MMA é estabelecer as diretrizes do plano nacional do meio ambiente, porém não lhe cabe, por insuficiência de estrutura e de recursos, a implementação das ações previstas ou autorizadas nas diretrizes. Entendo que o papel principal desse ministério é o de interlocução, ou seja, facilitar contatos e articular esforços para que o Poder Executivo, como um todo, em todas suas esferas administrativas, demais ministérios, secretarias estaduais e municipais, mobilize-se para enfrentar e resolver questões ambientais. Inclusive articulando também com organismos internacionais, instituições de fomento, sociedade civil e iniciativa privada. Em suma, um trabalho de coordenação, mais do que de execução.

II. *Política de preservação, conservação e utilização sustentável de ecossistemas, biodiversidade e florestas*

Do ponto de vista dessa competência, ressalte-se que o envolvimento de outros ministérios, como os de Agricultura, Infraestrutura, Minas e Energia, entre outros, é crucial. O MMA é um organismo pequeno, limitado, embora assuma uma responsabilidade política muito grande.

III. *Estratégias, mecanismos e instrumentos econômicos e sociais para a melhoria da qualidade ambiental e o uso sustentável dos recursos naturais*

Aqui fica patente a missão nitidamente institucional do MMA, porque é uma tarefa mais de pensamento, análise e de juntada de discussões e pesquisas que sustentam o conceito necessário para a elaboração de projetos que de alguma forma impactam o meio ambiente. É importante perceber que não se fala em execução. Fala-se em estratégias, uma definição mais ampla e com menor responsabilização. Ou seja, mais uma vez, trata-se de uma competência bastante difusa, que não pode ser implementada sem a articulação com tantos outros atores.

## IV. Políticas para a integração do meio ambiente e a produção

Entendo que esse é um dos pontos mais críticos do papel do MMA e, talvez, um dos menos compreendidos. Creio que foi em torno dessa questão que o presente livro foi construído, dada a necessidade de que aspectos importantes e praticamente desconhecidos sejam esclarecidos para representantes da iniciativa privada interessados em projetos de negócios ambientais. Um dos pontos essenciais é reconhecer que, mais do que um sistema de fiscalização, o Ibama, por exemplo, tem que atuar com inteligência e eficácia, seguindo a legislação, para licenciar ou não um empreendimento, esclarecer as diretrizes de qual dimensão de impacto ambiental é aceitável e definir com precisão a compensação ambiental esperada.

A efetividade, tanto do MMA quanto do Ibama e do ICMBio, tem correlação direta com a interlocução estratégica com os demais ministérios, secretarias municipais e estaduais, sociedade civil e principalmente com o setor privado.

## V. Políticas e programas ambientais para a Amazônia

A Amazônia é o maior bioma brasileiro. Ocupa um território de 4.196.943 milhões de km$^2$, onde crescem 2.500 espécies de árvores e 30 mil espécies de plantas[1]. Algumas ações estão em andamento, em vários ministérios, para a preservação com desenvolvimento sustentável da Amazônia brasileira.

---

[1] Informações obtidas em: <https://www.gov.br/pt-br/noticias/meio-ambiente-e-clima/2020/10/governo-atua-em-diversas-areas-para-preservacao-e-desenvolvimento-sustentavel-da-amazonia>.

Mais um exemplo de que o MMA tem pouco poder de execução é a Operação Verde Brasil (executada pelo Ministério da Defesa), que realiza ações preventivas e repressivas contra delitos ambientais e de combate a focos de incêndio na região, especialmente em faixas de fronteira, terras indígenas, unidades federais de conservação ambiental e outras áreas federais da Amazônia Legal.

No próximo capítulo, trataremos do Fundo Amazônia, e muitas de minhas percepções serão expostas.

Do ponto de vista do MMA, foi criada uma secretaria para a Amazônia que, no âmbito dos programas Floresta+, tem trabalhado com foco em desenvolver o mercado de Pagamento por Serviços Ambientais (PSA). É importante ficar atento aqui, porque há muitas oportunidades de atuação para o setor privado, combinando a busca pelo lucro com o incrível propósito de zerar o desmatamento ilegal e melhorar o IDH da região mais pobre (em termos sociais) de nosso país.

## VI. Estratégias e instrumentos internacionais de promoção das políticas ambientais

As questões ambientais muitas vezes ultrapassam fronteiras nacionais, como é o caso da Amazônia, que envolve nove países e nove estados brasileiros. Várias questões relativas à Amazônia, por exemplo, envolvem o conjunto dos países, blocos regionais e organismos internacionais. Além disso, após o Acordo de Paris, e mais ainda após a eleição do presidente Joe Biden, nos Estados Unidos, as políticas ambientais alcançaram enorme relevância para questões de política externa, tendo enorme impacto tanto nas questões de geopolítica quanto na agenda comercial.

Por isso, existem áreas do Ministério do Meio Ambiente, coordenadas pela Secretaria de Clima e Relações Internacionais (e articuladas com o Ministério das Relações Exteriores e com outros ministérios), que participam da formulação das posições do Brasil, no plano internacional, em relação à área ambiental. O escopo do trabalho internacional do MMA compreende diversos campos, como o das mudanças climáticas, conservação e uso sustentável da biodiversidade, prevenção da poluição e combate à desertificação.

## VII. Zoneamento ecológico-econômico

É essencial uma visão estratégica do território, que promova a conciliação entre metas de crescimento econômico e de combate às desigualdades sociais com a conservação dos recursos naturais. Essa visão valoriza o território enquanto elemento de integração dos diversos planos, programas, políticas e projetos. Não podemos esquecer que, desde a década de 1970, a taxa de urbanização passou de 45% para cerca de 85%. Com isso, se houve inclusão social de muitos brasileiros, houve também grandes impactos sobre os ecossistemas, resultando em aumento da situação de vulnerabilidade de determinadas parcelas da população e pondo em risco a própria sustentabilidade do desenvolvimento nacional.

O zoneamento ecológico-econômico almeja a gestão territorial integrada e é também um instrumento necessário para que o Brasil atinja a meta de zerar o desmatamento ilegal até 2030. Em suma, o MMA deve coordenar e facilitar esse arcabouço de políticas públicas (notem-se mais uma vez as limitações!) definindo prioridades. Concebe programas e portarias estratégicas para execução conjunta com ministérios, entes federados, organismos, entidades nacionais e internacionais.

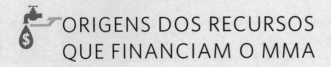
# ORIGENS DOS RECURSOS QUE FINANCIAM O MMA

São duas fontes: o orçamento aprovado dentro do Tesouro Nacional e os recursos extraorçamentários. Esses recursos não contemplados pelo orçamento podem vir de cooperação internacional e de compensação ambiental. Em geral, são depositados em fundos, administrados por instituições financeiras federais (notadamente a Caixa Econômica Federal e o BNDES) ou por agentes executores, como o FUNBIO.

A maioria dos recursos oriundos de compensação ambiental no âmbito federal é direcionada pelo Ibama. Para licenciar um determinado empreendimento em que há impacto ambiental, o Ibama indica as formas mais adequadas de compensação, ou ao menos onde o recurso deve ser aplicado, conforme critérios estabelecidos. A execução pode ser feita de duas formas: na mais simples, os empresários providenciam a execução do serviço ambiental que foi acordado. No segundo formato, os empreendedores depositam o recurso em um Fundo de Compensação Ambiental existente na Caixa Econômica Federal e gerido pelo ICMBio. Mediante as condicionantes impostas pelo Ibama para a compensação ambiental, um comitê de compensação ambiental, composto pelo secretário executivo do MMA e pelos presidentes do ICMBio e do Ibama, delibera sobre a execução de projetos, que o próprio ICMBio executa, seja de maneira direta, seja por meio da própria Caixa.

No caso de recursos de cooperação internacional, há numerosas modalidades. Os recursos podem estar em órgãos executores como o FUNBIO, em entidades internacionais como o BID ou o BIRD, ou mesmo no BNDES, como é o caso do Fundo Clima e do Fundo Amazônia. Vale ressaltar que, em diversos casos, o MMA não tem poder sobre a execução e apenas coordena o projeto.

Note-se aqui também que os recursos advindos de multas vão diretamente para o tesouro. Ou seja, o dano ambiental que causou a multa não é contemplado.

## O QUE O SETOR PRIVADO NÃO SABE SOBRE A ATUAÇÃO DO MMA

Grande parte do setor privado desconhece o tamanho do ministério. Pensam nele como organismo onipotente, com grande capacidade de ação e detentor de elevados recursos financeiros para gerir o meio ambiente no país. Não imaginam quantas limitações existem, a começar pelo orçamento pequeno[2] e pelas regulamentações impostas pela legislação e pelos órgãos de

---

[2] No ano de 2020, o MMA teve um orçamento de despesas previstas de R$3,09 bilhões, e as despesas executadas — ou seja, o que foi realmente gasto — foram de R$2,25 bilhões. No mesmo ano, comparativamente, os números do Ministério da Educação foram de R$110,65 bilhões de despesas previstas e R$88,08 bilhões de despesas executadas. Para mais informações, acesse: <http://www.portaltransparencia.gov.br/orgaos-superiores/44000?ano=2020 e http://www.portaltransparencia.gov.br/funcoes/12-educacao?ano=2020>.

controle. Não sabem que o que cabe ao MMA se resume em estabelecer prioridades e coordenar.

Perguntam: "Por que o Ministério não faz concessão direta, buscando maximizar investimentos e critérios sociais, sem outorga?" Eu respondo: "Porque o Tribunal de Contas da União, o TCU, não deixa." Mas as empresas não sabem das limitações impostas pelo TCU e acham que o Ministério não faz porque não quer fazer.

Outra coisa que a iniciativa privada não sabe é sobre a interação — que às vezes pode ser conflitante — com outros órgãos de governo. Imagina que o MMA é soberano, e não conhece os confrontos internos que muitas vezes acontecem. Eventualmente, pode ocorrer que o Ministério da Economia defenda uma certa iniciativa da Petrobras à qual o MMA é contrário. Dentro do governo, como nas próprias empresas, pode acontecer um jogo de forças que não aparece ao público.

O que precisa ficar claro é que o MMA tem capacidade limitadíssima de ação. Não é onipotente e atua com recursos reduzidíssimos.

## O QUE OS ÓRGÃOS AMBIENTAIS PODEM FAZER ENQUANTO FACILITADORES DE NEGÓCIOS AMBIENTAIS

Historicamente, quem liderou a agenda ambiental no Brasil foram a sociedade civil e a academia. Em 1992, quando se estabeleceu o MMA, a pauta ambiental estava longe das prioridades do setor privado. Entretanto, de lá para cá, muita coisa mudou. A pauta ambiental ganhou muita tração na sociedade e no mercado e, certamente, é hoje uma das prioridades também do setor privado. Os governos — não apenas no nível federal, mas também nos níveis estadual e municipal — planejaram e tentaram executar políticas públicas com o grande apoio de ONGs e de universidades. Contudo, o que se verificou ao longo do caminho é que faltou o dinamismo e o capital presentes no setor privado.

A iniciativa privada, que em 1992 era coadjuvante, agora está assumindo o protagonismo nas pautas ambientais. Logo, cada vez mais o MMA e os órgãos ambientais de todo o Brasil estão estabelecendo novas estratégias e diretrizes, isto é, uma nova cultura de aproveitamento sustentável do meio ambiente, baseada em parcerias público-privadas. Um exemplo é a cultura de concessões, que tem superado muitas resistências nos últimos anos e que hoje tem muito mais apoio entre os ambientalistas e entre as partes interessadas locais.

Para ilustrar, conto um exemplo de minha passagem como diretor administrativo-financeiro da Fundação Florestal do estado de São Paulo. A Fundação Florestal iniciava processo de concessão do Horto Florestal de Campos do Jordão. Assim que a notícia da concessão foi divulgada, a imprensa local publicou muitas matérias contrárias. Resolvi ir pessoalmente a Campos do Jordão para uma conversa com sete empreendedores que tinham seus negócios, suas permissões de atuação, dentro do parque.

Um tinha um negócio de aluguel de bicicletas e passeio de tirolesa; outro, um belo restaurante; outro, uma loja de artesanato; outro, um trenzinho e assim por diante. Disse a eles que a concessão seria feita e só podia ser ruim para aqueles que estivessem prestando serviço de má qualidade, conforme as leis de mercado.

Argumentei que o risco que eles já tinham não era embasado nas leis de mercado, porque o contrato de permissão que eles tinham com a Fundação Florestal estava apenas em função do preço de aluguel. Dessa forma, por exemplo, um restaurante maravilhoso, que trazia inúmeros visitantes para o parque, poderia ser substituído por um restaurante ruim, se este se dispusesse a pagar um aluguel minimamente maior. Um concessionário preocupado com a visitação certamente faria o possível para manter bons prestadores de serviços. Só precisavam, portanto, tornar seus negócios ainda melhores, porque o concessionário faria muitos investimentos e certamente aumentaria, como aumentou realmente, a visitação. Após a concessão, os melhores prestadores de serviços ainda estão lá operando.

Esse caso me custou muita saliva e foi apenas uma pequena contribuição minha a um processo de concessão que só foi implementado dois anos depois, e por outra gestão. O resumo desse exemplo é o de que, conversando com os locais, os órgãos ambientais podem minimizar muitas resistências e críticas nascidas do desconhecimento. E, ainda que às vezes os processos demorem, mesmo com mudanças de gestões e de governos, a tendência de aproximação da iniciativa privada é inevitável.

É importante perceber que PPPs com órgãos públicos do Sistema Ambiental não ocorrem apenas em concessões, mas em diversas ocasiões. Algumas simples, como o permissionamento para operar um restaurante em uma unidade de conservação. Outras mais complexas, como patrocinar ou adotar um parque, realizar um convênio ou mesmo executar a compensação ambiental de algum projeto.

PPPs ambientais bem-sucedidas são as que geram resultados ganha-ganha-ganha. Ganham o governo, a sociedade e o investidor. Em consequência, quem mais ganha é o meio ambiente. Em função disso, também existe a tendência inexorável de o MMA e os órgãos ambientais de todo o país aproximarem-se da iniciativa privada.

*O que o ministério pode fazer hoje é mostrar as oportunidades que não estão nas notícias — porque os riscos, esses, sim, não saem das páginas dos jornais.*

É importante que o setor privado entenda que toda iniciativa do MMA precisa ser avaliada e ratificada em consulta pública. Para ampliar o entendimento da atuação do Ministério e minimizar as resistências muitas vezes infundadas, é preciso que o próprio Ministério e seus parceiros façam uma boa comunicação, em linha direta com os *stakeholders* locais. Assim como a concessão do Horto de Campos de Jordão demorou dois anos para acontecer, o mesmo aconteceu com o Parque Nacional de Aparados da Serra, recentemente concedido. É preciso entender que, mesmo com a prioridade empenhada, os processos são demorados. E vale lembrar que, ao longo dessas consultas, a iniciativa privada sempre pode ajudar os governos a melhorar seus projetos.

## CONSIDERAÇÕES FINAIS

Já que o meio ambiente sempre será prioridade para o governo e para o país, o MMA deveria ser um superministério, com todas as responsabilidades de planejamento, organização, monitoramento e coordenação da implementação das políticas ambientais, mas também com todas as estruturas e orçamento adequado que lhe permitissem cumprir essas responsabilidades, que sabemos ser imensas. No último capítulo deste livro, trarei uma proposta para a criação de um Superministério do Meio Ambiente, sugerindo uma reorganização da estrutura que permita ao MMA ter mais força para articular e para executar.

Aos críticos do MMA, digo que a melhor crítica é aquela baseada em fatos e em conhecimento. E o que precisa ser conhecido é que, na realidade, o MMA não tem hoje a estrutura de que necessita para executar, minimamente, as funções que lhe cabem. Seu poder e sua capacidade de execução sozinho são bastante limitados.

A equipe do Ministério é consciente de suas limitações de atuação e sabe que obter uma forte participação ativa do setor privado na agenda ambiental do país será crucial, daqui por diante, para a preservação de nosso patrimônio ambiental. O que o Ministério pode fazer hoje é mostrar as oportunidades que não estão nas notícias — porque os riscos, esses sim não saem das páginas dos jornais. Pode também, e precisa, caminhar muito mais com a criação de novos projetos de PPPs, que ofereçam condições favoráveis mínimas para que os investidores tenham interesse e segurança para investir. O MMA deve ser proativo e comunicar mais a respeito do que é ou não é possível fazer em termos de parceria.

Discutiremos melhor essa minha visão ao longo de todo o livro.

## PARTE II

Conforme mencionei no começo deste capítulo, esta parte é direcionada apenas aos leitores que realmente querem um entendimento mais profundo e mais técnico. Logo, se você é um leitor que está interessado no entendimento conceitual e não quer "leitura pesada" agora, recomendo que avance para o próximo capítulo, no qual falaremos do Fundo Amazônia, que considero ser a grande metáfora das deficiências de funcionamento do sistema ambiental brasileiro.

Se você, no entanto, for um leitor em busca de entendimento mais técnico, siga em frente.

## 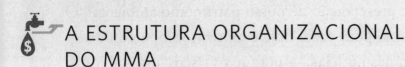 A ESTRUTURA ORGANIZACIONAL DO MMA

A estrutura organizacional do MMA[3] é composta da seguinte forma:

- Gabinete do Ministro
- Secretaria Executiva
- Secretaria de Clima e Relações Internacionais
- Secretaria de Biodiversidade
- Secretaria de Qualidade Ambiental
- Secretaria de Amazônia e Serviços Ambientais
- Secretaria de Áreas Protegidas
- Instituto de Pesquisas Jardim Botânico do Rio de Janeiro
- Instituto Brasileiro do Meio Ambiente e dos Recursos Naturais Renováveis (Ibama)
- Instituto Chico Mendes de Conservação da Biodiversidade (ICMBio)

---

[3] Veja um esquema visual da estrutura organizacional do Ministério do Meio Ambiente neste link: <https://www.gov.br/mma/pt-br/acesso-a-informacao/institucional/estrutura_organizacional>.

O ministro de Estado do Meio Ambiente é o superior hierárquico a todos os demais. Dessa forma, todos os secretários e todos os presidentes das vinculadas são hierarquicamente subordinados ao ministro. Além de executar suas funções, o ministro tem também três estruturas diretamente ligadas a ele:

- Assessoria de Controle Interno: é uma pequena assessoria composta por uma pessoa indicada pela Controladoria Geral da União (CGU).

- Consultoria Jurídica: composta por membros da Advocacia Geral da União (AGU). Há aqui uma equipe jurídica composta por profissionais de carreira da AGU, responsáveis por assessorar o ministro e os secretários sobre todos os processos tramitando no ministério.

- Gabinete. Além de alguns assessores e assessores especiais que o ministro pode nomear para ajudá-lo a interagir com tantas demandas, há também uma estrutura liderada por um chefe de gabinete, composta por uma assessoria parlamentar, uma assessoria de comunicação, uma ouvidoria, uma corregedoria geral e uma coordenação de apoio administrativo.

- Secretaria-Executiva.

O secretário-executivo é hierarquicamente a segunda pessoa mais importante do ministério, sendo, inclusive, o ministro substituto. Ou seja, se o ministro sair do país, se afastar por doença, tirar férias ou mesmo for exonerado do cargo, quem assume o ministério, interinamente, é o secretário-executivo.

Tem a função formal de exercer a supervisão e a coordenação das secretarias do ministério e das entidades vinculadas. É a pessoa que coordena, consolida e submete ao ministro de Estado o plano de ação global do ministério. Na prática, a Secretaria Executiva é a responsável por fazer cumprir, ou seja, executar aquilo que foi deliberado pelo ministro. Estão hierarquicamente subordinados a ela os seguintes departamentos:

- Subsecretaria de Planejamento, Orçamento e Administração
- Departamento de Gestão Estratégica
- Departamento de Recursos Externos
- Departamento de Fundos de Meio Ambiente
- Departamento de Coordenação do Sistema Nacional do Meio Ambiente

A Subsecretaria de Planejamento, Orçamento e Administração (SPOA) é o maior entre os departamentos e tem o status de subsecretaria — e cada ministério tem a sua. Cuida de orçamento, contratos, patrimônio, recursos humanos e administração operacional, como licitações e TI.

O Departamento de Gestão Estratégica é responsável pelo estabelecimento de metas e objetivos plurianuais — na minha opinião, as metas são quase sempre muito tímidas e pouco específicas, porque ficam sob a mira do Tribunal de Contas da União e, se forem ousadas e por alguma razão não forem atingidas, acabam resultando em sanções.

O Departamento de Recursos Externos foi criado para dar dinamismo à gestão de projetos. Trabalha com a possibilidade de captação de recursos extraorçamentários. Um trabalho de compensação ambiental, por exemplo, propicia recursos externos ao orçamento. Um projeto financiado com recursos do Banco Mundial ou outro organismo internacional de fomento também traz recursos externos ao orçamento.

O Departamento de Fundos de Meio Ambiente coordena com instituições financeiras os fundos legais de meio ambiente, como o Fundo Amazônia (assunto do nosso próximo capítulo) e o Fundo de Patrimônio Genético.[4] Articula também com o BNDES a gestão do Fundo Clima.[5] O futuro Fundo de Conversão de Multas Ambientais, se for criado,[6] também ficará a cargo desse departamento, possivelmente em articulação com a Caixa Econômica Federal. Todos os fundos, que são externos ao orçamento, são administrados por instituições financeiras, e nunca pelo ministério.

O Departamento de Coordenação do Sistema Nacional do Meio Ambiente "tem como atribuições promover a articulação e a integração intra e intergovernamental de ações direcionadas à implementação de políticas públicas de meio ambiente,

---

[4] O nome formal do fundo é Fundo Nacional para a Repartição de Benefícios. Para saber mais, acesse: <https://antigo.mma.gov.br/patrimonio-genetico/fundo-nacional-para-a-reparticao-de-beneficios.html>.

[5] Conheça mais sobre o fundo em: <https://www.bndes.gov.br/wps/portal/site/home/financiamento/produto/fundo-clima>.

[6] Informações adicionais podem ser consultadas em: <https://antigo.mma.gov.br/images/portais_e_programas/Conversao_de_Multas_-_DOC.pdf>.

e incentivar a descentralização da gestão ambiental e a repartição de competências entre as três esferas de Governo.[7]" Na prática coordena o Sistema Nacional do Meio Ambiente (Sisnama), "estrutura adotada para a gestão ambiental no Brasil, e é formado pelos órgãos e entidades da União, dos Estados, do Distrito Federal e dos Municípios responsáveis pela proteção, melhoria e recuperação da qualidade ambiental no Brasil[8]".

O órgão consultivo e deliberativo do Sisnama é o Conselho Nacional do Meio Ambiente (Conama). O Conama é presidido pelo ministro do Meio Ambiente e é responsável por várias definições importantes que não estão na legislação. São muitas, e vão desde a limitação de índices de poluição por veículos movidos a combustível fóssil, a determinação de quantas colmeias pode ter um criador de abelhas antes de ser necessário o licenciamento, ou mesmo quais os animais oriundos da fauna nacional que podem ser criados e comercializados. O Conama é composto por representantes do Governo Federal, governos estaduais, municipais, do setor privado e de entidades ambientalistas. Até o início de 2020, o Conama tinha 98 representantes, 98 suplentes com direito a voz e mais 7 câmaras técnicas. Era impossível obter consenso ou maioria. Nada se resolvia, e, portanto, foi necessário reformular os estatutos. Manteve-se a proporcionalidade das representatividades, mas enxugou-se para 23 membros, e as 7 câmaras técnicas foram

---

[7] Disponível em: <https://antigo.mma.gov.br/governanca-ambiental/sistema-nacional-do-meio-ambiente/apresentacao-sisnama.html>.

[8] Ibidem. Por meio do mesmo link, o leitor pode ver o organograma do Sisnama.

reduzidas a duas: a de Qualidade Ambiental e a de Biodiversidade, e votadas no plenário. A sociedade civil, que antes elegia seus representantes, hoje é representada por meio de um sorteio entre eles — o que, em minha opinião, deverá ser corrigido em algum momento.

Abaixo de uma lei promulgada pelo congresso, vem um decreto presidencial. Abaixo do decreto presidencial, está uma resolução do Conama. E abaixo de uma resolução do Conama, está uma portaria ministerial. Dessa forma, as resoluções do Conama normalmente dispõem sobre algo que não foi tratado em lei e devem ser implementadas em todo o território nacional, servindo como instrumento regulatório para o setor produtivo. Importante notar que o que é definido no Conama também serve de parâmetro para a fiscalização não apenas do Ibama, mas também de vários órgãos estaduais.

A *Secretaria da Qualidade Ambiental* (SQA) é a mais importante para a política atual do MMA. Lida, primordialmente, com o que o ministro chama de problemas tangíveis do meio ambiente, como o lixo urbano, o esgoto e o lixo no mar, ou seja, a poluição e a degradação ambiental que estão presentes no dia a dia das pessoas. Para isso, faz planejamento e gestão ambiental territorial, incluídos o zoneamento ecológico-econômico, a gestão ambiental urbana e o gerenciamento costeiro; gestão e gerenciamento de resíduos sólidos e substâncias químicas, inclusos os resíduos e produtos perigosos; gestão de passivos ambientais e áreas contaminadas; prevenção, controle e monitoramento da poluição; monitoramento da qualidade ambiental do ar, da água e do solo; e define os critérios e padrões de qualidade ambiental.

A secretaria é responsável pela coordenação e monitoramento da Política Nacional de Resíduos Sólidos, nos termos do disposto na Lei nº 12.305, de 2 de agosto de 2010, e em seus regulamentos. Suas responsabilidades estão distribuídas entre seus três departamentos: Departamento de Gestão de Resíduos e Qualidade do Solo; Departamento de Gestão de Qualidade do Ar e das Águas; e Departamento de Gestão Ambiental Territorial.

A *Secretaria de Biodiversidade* (SBIO), tem como função principal cuidar de estratégias para a preservação da fauna, flora e do patrimônio genético; para a biossegurança relacionada aos organismos, às novas tecnologias e ao meio ambiente; para a prevenção e o controle da introdução e da dispersão de espécies exóticas invasoras e a proteção e a defesa animal. Uma questão importante sobre essa secretaria é seu papel sobre o patrimônio genético, que repercute na chamada bioeconomia. É o caso, por exemplo, da descoberta de uma planta que pode ser utilizada na produção de medicamentos ou cosméticos. A legislação relativa a isso é complexa, mas, em resumo, exige que 1% da renda auferida pela(s) empresa(s) que explora(m) tal planta seja revertida para o Fundo Nacional de Repartição de Benefícios, que buscará promover os conhecimentos locais, ou seja, fazer com que parte do recurso seja aplicado na região onde a planta foi descoberta.

A SBIO também tem o papel de atuar como ponto focal técnico do Governo Federal nos temas relacionados com a Convenção da Diversidade Biológica, promulgada pelo decreto nº 2.519, de 16 de março de 1998, e seus instrumentos e acordos ratificados pelo governo brasileiro. É também responsável pela coordenação, avaliação e acompanhamento da Política Nacional de Educação Ambiental no âmbito do MMA e atua como secretaria-executiva do Conselho de Gestão do Patrimônio Genético (CGen).

Suas responsabilidades estão distribuídas em três departamentos: Departamento de Espécies, Departamento de Patrimônio Genético e Departamento de Educação e Cidadania Ambiental.

A *Secretaria de Clima e Relações Internacionais* atua em conjunto com o Ministério das Relações Exteriores e cuida de auxiliar no desenvolvimento de diretrizes de política externa, no âmbito internacional, relativas ao meio ambiente e ao desenvolvimento sustentável, enquanto promove e defende, em nível internacional, as políticas e os programas ambientais nacionais, em articulações bilaterais, multilaterais, regionais e globais, em coordenação com entidades governamentais e demais entidades internacionais e nacionais.

É função dessa secretaria atuar como ponto focal do MMA no âmbito da Convenção-Quadro das Nações Unidas sobre Mudanças do Clima, promulgada pelo decreto nº 2.652, de 1º de julho de 1998, e subsidiar o ministro de Estado no exercício de suas funções junto ao Comitê Interministerial sobre Mudança do Clima (CIM) e também coordenar a atuação do governo federal no âmbito da Convenção das Nações Unidas de Combate à Desertificação e Mitigação dos Efeitos da Seca e da Convenção de Viena para Proteção da Camada de Ozônio, promulgada pelo decreto nº 99.280, de 6 de junho de 1990. Suas responsabilidades estão distribuídas em dois departamentos: Departamento de Clima e Departamento de Relações Internacionais.

A *Secretaria de Áreas Protegidas* se ocupa das unidades de conservação e os espaços territoriais especialmente protegidos e das concessões de unidades de conservação federais.[9]

Primariamente, coordena e supervisiona a formulação de atos normativos e a promoção de atividades relacionadas com os instrumentos econômicos e financeiros para atividades econômicas sustentáveis em áreas protegidas e os projetos de concessões de unidades de conservação. É a secretaria que faz a interação com a iniciativa privada.

Tem como função, também, coordenar o Sistema Nacional de Unidades de Conservação da Natureza (SNUC) e a responsabilidade de firmar acordos, compromissos e parcerias com órgãos e entidades, públicos e privados, com o objetivo de promover o desenvolvimento sustentável das áreas protegidas, inclusive por meio do aproveitamento turístico sustentável das

---

[9] Lembrar que existem áreas de conservação sob a tutela de estados e até de municípios.

unidades de conservação, e a compensação ambiental federal de empreendimentos de significativo impacto ambiental, em articulação com o Ibama e o ICMBio.

Suas responsabilidades estão distribuídas em dois departamentos: Departamento de Áreas Protegidas e Departamento de Concessões.

A *Secretaria da Amazônia e Serviços Ambientais* tem origem na antiga Secretaria de Florestas. Formula e coordena estratégias e políticas para a prevenção e o controle do desmatamento ilegal, dos incêndios florestais e das queimadas; recuperação, uso sustentável e redução da degradação da vegetação nativa; redução das emissões de gases de efeito estufa provenientes do desmatamento e da degradação florestal e a conservação dos estoques de carbono florestal e manejo sustentável de florestas e o aumento de estoques de carbono florestal (REDD+)[10] no bioma Amazônia.

Também lhe cabe propor políticas e estratégias para promover o desenvolvimento sustentável em bases territoriais, buscando apoiar a disseminação de tecnologias sustentáveis e boas práticas com vistas à conservação dos solos, das águas, da vegetação nativa e da biodiversidade, e propor políticas e estratégias para promover e fomentar os serviços ambientais.

É de fundamental importância sua atuação para definir estratégias para a implementação de programas e projetos

---

[10] Para saber mais sobre o REDD+, visite: <http://redd.mma.gov.br/pt/>.

relacionados com a conservação, o monitoramento e a gestão sustentável dos ecossistemas.

As responsabilidades estão distribuídas em dois departamentos: Departamento de Conservação Florestal e Serviços Ambientais e Departamento de Ecossistemas.

## ENTIDADES VINCULADAS

Dentro do Ministério do Meio Ambiente, existem entidades vinculadas que realizam funções específicas de apoio a áreas estratégicas.

### INSTITUTO CHICO MENDES DE CONSERVAÇÃO DA BIODIVERSIDADE (ICMBIO)

É o órgão federal responsável por gerenciar 10% de todo o território nacional, que são as 334 unidades de conservação federais (134 delas dentro da Amazônia). Atua na implementação e no monitoramento de unidades de conservação ambiental. Dentro dessas áreas, a ICMBio fiscaliza e zela pela preservação e não deterioramento dessas áreas ambientais. Trabalha com projetos do orçamento, em conjunto com as secretarias do MMA, e muitas vezes executa projetos extraorçamentários. Trataremos do ICMBio com mais detalhes mais à frente, no Capítulo 6, inclusive para mostrar que sua estrutura é absolutamente insuficiente para a tarefa gigantesca que deve executar.

## Instituto Brasileiro do Meio Ambiente e dos Recursos Naturais Renováveis (Ibama)

Sua principal função é agir como órgão executor da política nacional de meio ambiente, fiscalizando delitos causados ao meio ao ambiente e aplicando a legislação ambiental. Essa entidade atua em campo, aplicando multas, realizando interdições e apreensões. O Ibama tem competências sobrepostas com o ICMBio e com algumas secretarias do ministério. Uma de suas diretorias mais importantes é a de licenciamento de empreendimentos que tenham impacto sobre o meio ambiente ou que passem por terras indígenas — empreendimentos que passem por unidades de conservação federais são licenciados mediante autorização do ICMBio. Ele também é responsável pela fiscalização e aplicação de multas por crimes ambientais.

O Ibama se ocupa de várias tarefas que poderiam estar sob outras áreas, como é o caso de analisar e autorizar determinados defensivos agrícolas, que poderia ser encargo da Anvisa. Como se pode ver, competências difusas. Dada a importância do Ibama, dedicarei o Capítulo 4 inteiro à sua análise.

## Instituto de Pesquisas Jardim Botânico do Rio de Janeiro (JBRJ)

O Jardim Botânico representa uma unidade geográfica mínima, em relação às grandezas com as quais os outros dois institutos vinculados lidam. Em razão disso, o instituto[11] tem importância proporcionalmente pequena, desenvolvendo projetos de educação ambiental para estudantes de ensino fundamental e médio, incentivando pesquisas e estudos acadêmicos sobre a biodiversidade local, promovendo visitas guiadas etc.

 ÓRGÃOS COLEGIADOS

Colegiados são órgãos em que há representações diversas, nos quais as decisões são tomadas em grupo, com o aproveitamento de experiências diferenciadas. No caso do MMA, são quinze, alguns dos quais participa e outros que coordena.[12] Tratar brevemente das atribuições dos órgãos coordenados pela MMA.

*Conselho Nacional do Meio Ambiente* (Conama), que já foi mencionado neste capítulo.

---

[11] Para conhecer mais sobre o trabalho do instituto de Pesquisas Jardim Botânico do Rio de Janeiro, acesse: <https://www.gov.br/jbrj/pt-br>.

[12] O Painel de Informações de Colegiados traz informações detalhadas sobre os órgãos. Quem tiver interesse, consultar este endereço: <https://app.powerbi.com/view?r=eyJrIjoiMDk0Mjk0Y2YtOTlkNi00ODc3LTlkNzItMjYwZmNmNGM1NmJIiwid-CI6IjM5NTdhMzY3LTZkMzgtNGMxZi1hNGJhLTMzZThmM2M1NTBlNyJ9>.

## Conselho Deliberativo do Fundo Nacional do Meio Ambiente

O Fundo Nacional do Meio Ambiente (FNMA) foi criado em 1989 para financiar projetos que contemplem o uso racional e sustentável de recursos naturais e é administrado pelo Ministério do Meio Ambiente.[13] O papel do conselho deliberativo é selecionar os projetos que receberão os recursos. Até recentemente, o FNMA era regulamentado por um decreto de 2009, estabelecendo que seu conselho contasse com representantes da Agência Nacional de Águas (ANA), Associação Brasileira de Entidades do Meio Ambiente (Abema), Associação Nacional de Municípios e Meio Ambiente (Anamma), do Fórum Brasileiro de ONGs e Movimentos Sociais para o Meio Ambiente e Desenvolvimento (FBOMS), da Sociedade Brasileira para o Progresso da Ciência (SBPC) e mais um representante da sociedade civil indicado pelo Conselho Nacional do Meio Ambiente (Conama).

A composição do conselho deliberativo do FNMA foi alterada pelo Decreto nº 10.224, de 6 de fevereiro de 2020, e passou a ser composto apenas por membros do governo: o ministro do Meio Ambiente, que o preside, e representantes da Casa Civil da Presidência da República, dos ministérios da Economia e do Meio Ambiente, do Ibama e do ICMBio.

---

[13] Os recursos do FNMA são compostos por dotações orçamentárias da União, doações, contribuições, rendimentos e outros recursos destinados por lei, como verbas de concessões florestais.

Desde sua implantação, o FNMA fomentou cerca de 1.400 projetos, em um total de R$270 milhões.[14]

## Conselho de Gestão do Patrimônio Genético (CGen)

O Conselho de Gestão do Patrimônio Genético (CGen) é um órgão colegiado que busca fazer com que o sistema nacional de acesso e repartição de benefícios seja uma ferramenta de desenvolvimento econômico, social, cultural e ambiental do país, propiciando a conservação da biodiversidade brasileira.

Presidido pelo Ministério do Meio Ambiente e com a Secretaria de Biodiversidade cumprindo o papel de Secretaria-Executiva do Conselho, o CGen tem caráter deliberativo, normativo, consultivo e recursal, e é composto por vinte conselheiros.[15]

---

[14] Conforme dados da EBC (Empresa Brasileira de Comunicação), disponíveis em <https://agenciabrasil.ebc.com.br/politica/noticia/2020-02/conselho-do-fundo--nacional-do-meio-ambiente-tem-nova-composicao>, os recursos foram provenientes do Tesouro Nacional, de contrato de empréstimo com o Banco Interamericano de Desenvolvimento (BID), de acordos internacionais, como o Projeto de Cooperação Técnica Brasil-Holanda, de doações no âmbito do Programa Piloto para Proteção das Florestas Tropicais e de recursos arrecadados pela aplicação da Lei de Crimes Ambientais.

[15] Mais informações neste endereço eletrônico: <https://www.gov.br/mma/pt-br/assuntos/biodiversidade/patrimonio-genetico/conselho-de-gestao-do-patrimonio-genetico-cgen#:~:text=O%20Conselho%20de%20Gest%C3%A3o%20do,a%20conserva%C3%A7%C3%A3o%20da%20biodiversidade%20brasileira>.

## COMISSÃO NACIONAL DE FLORESTAS (CONAFLOR)

Colegiado de caráter consultivo, com 76 membros, entre titulares e suplentes, com representantes dos governos federais e estaduais, iniciativa privada, sindicatos, associações estudantis, confederações de trabalhadores, entidades indígenas e ONGs, foi criado com o objetivo de articular as políticas públicas setoriais para promover o desenvolvimento sustentável, conciliando o uso com a conservação das florestas brasileiras. É constituído de projetos que são concebidos e executados de forma participativa e integrada pelos governos federal, estaduais, distrital e municipais e a sociedade civil organizada. Essa articulação é feita pelo Ministério do Meio Ambiente.

## COMITÊ GESTOR DO FUNDO NACIONAL SOBRE MUDANÇA DO CLIMA

O Fundo Nacional sobre Mudança do Clima é um instrumento da Política Nacional sobre Mudança do Clima. Tem por finalidade financiar projetos, estudos e empreendimentos que visem à redução de emissões de gases de efeito estufa e à adaptação aos efeitos da mudança do clima.

Vinculado ao Ministério do Meio Ambiente, o Fundo Clima disponibiliza recursos em duas modalidades, reembolsável e não reembolsável. Os recursos reembolsáveis são administrados pelo Banco Nacional de Desenvolvimento Econômico e Social (BNDES). Os recursos não reembolsáveis são operados pelo MMA.

O fundo é administrado por um comitê gestor presidido pelo secretário-executivo do MMA. Tem a função de autorizar o financiamento de projetos e recomendar a contratação de estudos, com base em diretrizes e prioridades de investimento estabelecidas a cada dois anos.[16]

## Comissão Nacional de Combate à Desertificação (CNCD)

É um órgão colegiado da estrutura regimental do Ministério do Meio Ambiente, de natureza deliberativa e consultiva.

Tem como competência principal acompanhar e avaliar as ações de combate à desertificação e mitigação dos efeitos da seca no território nacional, assim como promover a integração das estratégias de erradicação da pobreza nesses esforços. Deve estimular a cooperação interinstitucional e internacional para a implementação dos princípios e diretrizes da política nacional de combate à desertificação e mitigação dos efeitos da seca.

## Comitê Gestor do Fundo Nacional para Repartição de Benefícios (FNRB)

O Comitê Gestor do Fundo é composto por órgãos da administração pública federal que detêm competências sobre ações de conservação, defesa dos direitos de povos indígenas, povos e comunidades tradicionais e agricultores familiares, incluídas

---

[16] Mais informações neste endereço: <https://antigo.mma.gov.br/clima/fundo-nacional-sobre-mudanca-do-clima.html>.

aí a administração financeira e o controle das atividades de ciência, tecnologia e inovação; por representantes da sociedade civil com a participação de representantes de povos indígenas, povos e comunidades tradicionais e agricultores familiares e também pelo setor acadêmico.

O BNDES é a instituição financeira selecionada para gerir os recursos das instituições que tiverem seus termos de compromissos firmados e que optaram pela modalidade monetária de repartição de benefícios decorrente da exploração econômica de produtos desenvolvidos a partir da biodiversidade brasileira e do conhecimento tradicional associado ao patrimônio genético brasileiro.

## Comissão Executiva para o Controle do Desmatamento Ilegal e Recuperação da Vegetação Nativa (Conaveg)

Órgão colegiado de formulação de políticas públicas para a redução do desmatamento ilegal e promoção da recuperação da vegetação nativa. É instância de decisão interministerial, coordenada pelo Ministério do Meio Ambiente, que tem a missão de propor planos e diretrizes, coordenar e articular iniciativas setoriais estratégicas para todos os biomas brasileiros. Nas ações desenvolvidas para a Amazônia Legal, a Conaveg trabalha em articulação com o Conselho Nacional da Amazônia Legal (CNAL).

Em sua estrutura de governança, pode instituir Câmaras Consultivas Temáticas (CCTs) para tratar de assuntos específicos e subsidiar seus trabalhos.[17] Atualmente, estão instituídas três CCTs, com os seguintes objetivos: CCT PSA — propor a adoção de medidas para a estruturação do mercado de serviços ambientais; CCT Incêndios Florestais — propor a adoção de medidas para o aperfeiçoamento das ações de prevenção, controle e combate aos incêndios florestais; CCT Planaveg — propor a adoção de medidas para a captação de recursos e o desenvolvimento de mecanismos financeiros inovadores para incentivar a recuperação da vegetação nativa.

## Comissão Nacional para Redução das Emissões de Gases de Efeito Estufa Provenientes do Desmatamento e da Degradação Florestal, Conservação dos Estoques de Carbono Florestal, Manejo Sustentável de Florestas e Aumento de Estoques de Carbono Florestal (REDD+)

REDD+ é um incentivo desenvolvido no âmbito da Convenção-Quadro das Nações Unidas sobre Mudança do Clima (UNFCCC) para recompensar financeiramente países em desenvolvimento por seus resultados de redução de emissões de gases de efeito estufa provenientes do desmatamento e da degradação florestal, considerando o papel da conservação de estoques de carbono florestal, manejo sustentável de florestas e aumento de estoques de carbono florestal (+).

---

[17] Mais informações neste endereço eletrônico: <https://www.gov.br/mma/pt-br/assuntos/servicosambientais/controle-de-desmatamento-e-incendios-florestais/comissao-executiva-para-controle-do-desmatamento-ilegal-e-recuperacao-da-vegetacao-nativa-conaveg>.

A Comissão Nacional para REDD+ é responsável por coordenar, acompanhar e monitorar a implementação da Estratégia Nacional para REDD+ do Brasil e é presidida pelo Ministério do Meio Ambiente. Além de outros ministérios, participam como convidados dois representantes de governos estaduais, um representante dos municípios e dois representantes da sociedade civil.

Falaremos, no capítulo seguinte, do Fundo Amazônia, que considero ser a grande metáfora das deficiências de funcionamento do sistema ambiental brasileiro.

CAPÍTULO

3

# O FUNDO AMAZÔNIA

De tudo o que defendi nos dois primeiros capítulos e seguirei defendendo nos próximos, o Fundo Amazônia é o exemplo prático que prova a tese principal deste livro: a conexão ainda pouco clara e pouco percebida a respeito das oportunidades extraordinárias que podem resultar da união entre capitalismo e meio ambiente.

A política ambiental é um assunto complexo, por vezes subjetivo, e que lida com vários outros assuntos técnicos, como economia, políticas públicas, questões sociais e outros. Por isso, tomo como exemplo ilustrativo o Fundo Amazônia, que dá um retrato nítido de meu diagnóstico sobre como o meio ambiente é considerado no Brasil e o que precisa ser mudado para o adequado desenvolvimento sustentável.

# UM BREVE HISTÓRICO DO FUNDO AMAZÔNIA

O Fundo Amazônia foi criado em 2008, com a missão de incentivar não só o Brasil, mas outros países em desenvolvimento que têm florestas tropicais em seus territórios, a manter e aumentar as reduções voluntárias de emissão de gases de efeito estufa oriundas do desmatamento e da degradação florestal. A intenção era a de captar doações para aplicações não reembolsáveis em prevenção, monitoramento e combate ao desmatamento, promovendo a conservação de florestas do bioma Amazônia.

Os governos brasileiros iniciaram um plano estratégico de fato em março de 2004, quando foi implementado o PPCDAM.[1] Com esse plano, o desmatamento na Amazônia foi reduzido consistentemente, caindo da taxa de referência de 19.625 km² em 2004 para menos de 6.418 km² em 2011[2] — uma queda de mais de 67%.

Em função dessa redução do nível de desmatamento, o Brasil obteve créditos de carbono perante a comunidade

---

[1] Plano de Ação para Prevenção e Controle do Desmatamento na Amazônia Legal, que reuniu treze ministérios, coordenados pelo chefe do Gabinete da Casa Civil, para desenvolver diversas ações articuladas para a redução da taxa de desmatamento. O plano de ação foi organizado em três atividades estratégicas: (1) planejamento territorial; (2) monitoramento e controle; e (3) fomento a atividades produtivas sustentáveis.

[2] Para mais detalhes, sugerimos consultar este documento: <http://combateaodesmatamento.mma.gov.br/images/Doc_ComissaoExecutiva/Livro-PPCDam-e-PPCerrado_20JUN2018.pdf>.

internacional por meio de um mecanismo voluntário: Redução de Emissões do Desmatamento e Degradação (REDD). Tratarei desse tema adiante, quando tratar da regulamentação do artigo 6º do Acordo de Paris.

Esses recursos foram colocados no Fundo Amazônia para que ações de combate ao desmatamento e de desenvolvimento da Amazônia fossem criadas. Desde 2008, os aportes eram periódicos, e 102 projetos foram apoiados com recursos. Mas, a partir de 2012, o desmatamento voltou a crescer.

## A ESTRUTURA DO FUNDO E SUAS FALHAS

O Fundo Amazônia foi estruturado com base em um argumento que, na minha opinião, é incompleto: o argumento da governança, com a transparência e a prestação de contas — a *accountability*.

A estrutura estava definida com o Comitê Orientador do Fundo da Amazônia (COFA) e o Comitê Técnico do Fundo Amazônia (CTFA), um comitê técnico que valida as emissões de carbono.[3] Os dois comitês não existem mais — foram extintos pelo Decreto Presidencial nº 9.759, de 11 de abril de 2019,

---

[3] O CTFA é composto por seis especialistas com notório saber técnico-científico, nomeados pelo Ministério do Meio Ambiente com base em uma lista submetida ao Fórum Brasileiro sobre Mudanças Climáticas. A participação nesse comitê é considerada de interesse público, portanto, não é remunerada. Não tem grande relevância, porque, apesar de ser constituído por cientistas, só precisa validar se reduziu ou não o desmatamento.

que acabou com diversos colegiados da administração pública federal que não funcionavam. E a formação de novos comitês para o Fundo Amazônia depende de um consenso com os doadores, que não foi conseguido ainda.

O COFA era composto por três classes.

A primeira classe era composta por oito membros de diversos órgãos do Governo Federal, sendo o representante indicado pelo Ministério do Meio Ambiente o responsável pela presidência do COFA. Historicamente, essa pessoa era o secretário de Florestas — um cargo de segundo escalão. No começo de 2019, com o novo governo, o ministro Ricardo Salles assumiu a presidência do COFA, sendo sucedido pelo vice-presidente Mourão quando este passou a liderar o recém-criado Conselho da Amazônia.

A segunda classe era composta por nove pessoas, representantes dos governos estaduais, ou seja, composta, em tese, pelos secretários de Meio Ambiente dos nove estados que compõem a Amazônia Legal, ou por representantes indicados por eles, representando os governos estaduais.

E na terceira classe, seis membros do comitê representavam diversos segmentos da sociedade civil: o Fórum Brasileiro de ONGs e Movimentos Sociais para o Meio Ambiente e o Desenvolvimento (FBOMS), a Coordenação das Organizações Indígenas da Amazônia Brasileira (COIAB), a Confederação Nacional dos Trabalhadores na Agricultura (CONTAG), a Sociedade Brasileira para o Progresso da Ciência (SBPC), a

Confederação Nacional da Indústria (CNI) e o Fórum Nacional das Atividades de Base Florestal (FNABF).

O BNDES executava as ações do fundo, de uma forma barata até, em relação ao mercado — 3% de comissionamento para a execução dos recursos — e, com isso, ganhava prestígio com essa atuação em ESG.

A responsabilidade do comitê orientador era dizer quais os tipos de projetos são aceitos para serem custeados com recursos do Fundo Amazônia. Mas o mecanismo de deliberação exigia unanimidade entre os três grupos.

Assim, se, por exemplo, uma matéria que recebesse apoio por unanimidade entre os oito membros do Governo Federal e também dos nove membros dos estados, mas tivesse quatro representantes da Sociedade Civil contrários, não passava. Nessa hipótese, apesar de contar com o apoio de 19 entre os 23 conselheiros, a matéria seria rejeitada. Da mesma forma, um projeto que fosse de relevância para os governos estaduais e para a sociedade civil, mas desagradasse a alguns dos ministérios e não conseguisse maioria entre os membros do Governo Federal, também não passaria.

Ou seja, o Fundo Amazônia é um organismo que buscou um nível de consenso gritantemente difícil de ser atingido. Na prática, embora se queira dar um nível de participação e transparência, e praticar a governança porque a sociedade civil está vigilante, as definições das linhas de atuação foram muito amplas para contemplar diversos temas ambientais de forma a ser possível achar um consenso, o que inviabilizou a deliberação sobre prioridades específicas. Para se ter uma ideia, vejamos as linhas definidas pelo COFA:[4]

- Orientações para o Apoio do Fundo Amazônia ao Cadastramento Ambiental Rural (CAR).

- Fortalecimento e ampliação das ações de fiscalização, investigação e combate a crimes e infrações ambientais, visando prevenir e combater o desmatamento e a degradação florestal na Amazônia: orientações para o apoio do Fundo Amazônia à fiscalização e combate a crimes e infrações ambientais pelos estados da Amazônia Legal.

- Regularização ambiental e fundiária e promoção de atividades produtivas sustentáveis em assentamentos da reforma agrária na Amazônia Legal: orientações para o apoio a projetos em assentamentos da reforma agrária.

- Zoneamento ecológico-econômico (ZEE): orientações para o apoio à elaboração, revisão, detalhamento e implementação do zoneamento ecológico-econômico.

- Prevenção e combate a incêndios florestais e queimadas não autorizadas: orientações para o apoio do Fundo Amazônia aos corpos de bombeiros militares dos estados da Amazônia Legal para a prevenção e combate a incêndios florestais e queimadas não autorizadas.

---

[4] Informações disponíveis em: <http://www.fundoamazonia.gov.br/pt/como-apresentar-projetos/criterios-orientadores/>.

Para deixar mais claro: o comitê orientador define linhas muito amplas e, além disso, não tem a função de se responsabilizar pela efetividade do fundo — e convenhamos que um organismo que tem 23 donos não tem, na realidade, dono algum.

A boa governança não é apenas a transparência. Além da transparência, é preciso aquilo que em inglês se chama *ownership*, isto é, quem responderá pelos projetos e dará direcionamento a eles. Em bom português, um síndico. O fato de envolver diversos atores não significa que não deveria haver alguém que tenha o papel de se responsabilizar pela gestão. Ao BNDES cabe executar, e isso está certo. Mas o ideal é que o Fundo Amazônia tivesse uma diretoria-executiva, que respondesse por meio de seu CEO, ou pelo menos um conselho deliberativo, tal qual funciona em uma empresa privada. Eu defendo que uma diretoria-executiva tenha que responder pelo Fundo Amazônia, seus aportes, a condução das aprovações de projetos, o acompanhamento da execução e a validação e prestação de contas. O *board* de um conselho de administração de uma empresa define quais são as estratégias a serem executadas e quais são as principais metas de resultados. Mas no COFA não existe essa figura. O que existe é um emaranhado de tanta gente, que ninguém tem a responsabilidade de responder. O próprio BNDES, na prática, não tem que se reportar a ninguém, sendo obrigado apenas a aportar recursos em projetos que estejam de acordo com as amplas linhas de atuação definidas pelo COFA.

Um comitê constituído dessa forma não tem condições de priorizar projetos, nem de fazer planejamentos. Com linhas de ação amplas demais, não existe foco e não há como obter consenso para estabelecer metas principais.

Em uma empresa privada, com excelentes práticas de governança, o responsável pelo projeto tem que prestar contas, produzir e divulgar informações ao mercado, tem que interagir com os *stakeholders*, tudo isso que envolve a transparência, mas se o projeto não prosperar, ele responde por isso. Da mesma forma que, se o projeto for bem avaliado, ele terá bônus, promoções, prestígio etc.

Certo, temos a transparência porque a sociedade civil acompanha e, mais que isso, ela manda. Manda tanto quanto o Governo Federal e os governos estaduais. Ou seja, ninguém manda nada.

## COMO O FUNDO FUNCIONOU ATÉ 2019

Houve projetos ruins e projetos bons custeados pelo Fundo Amazônia. Porém, do ponto de vista da consequência de sua constituição, o Fundo Amazônia foi uma grande muleta para o ecossistema composto por estados, Governo Federal e instituições da sociedade civil. E por que é essa grande muleta? Eu explico.

Em dado momento, foram cortados recursos do orçamento do Ibama. O que o Ibama faz? Monta um projeto interessante, apresenta ao BNDES e pega dinheiro do Fundo Amazônia. Está certo, conforme as diretrizes estabelecidas pelo COFA, porque a função do BNDES é analisar bons projetos e conceder recursos. Os governos estaduais têm dificuldades orçamentárias, então buscarão dinheiro no Fundo Amazônia. Como se tratam de projetos tecnicamente elegíveis conforme as orientações dadas ao BNDES, cujo escopo é extremamente amplo, são aprovados sem necessidade de consenso.

Para o BNDES, existem os chamados projetos de balcão e as chamadas públicas. Um projeto de balcão aderente ao escopo do Fundo Amazônia (ou seja, qualquer projeto que tenha qualquer tipo de benefício para o meio ambiente) não terá dificuldades de aprovação — e nem precisa ser diretamente relacionado à Amazônia, porque a lei permite que 20% dos recursos do fundo sejam aplicados em outros biomas. Isso equivale a dizer que, na realidade, a equipe técnica do BNDES, de terceiro escalão, acaba sendo a gestora de um organismo tão importante, que deveria estar sob a responsabilidade de um conselho gestor de alto nível na hierarquia, por exemplo, composto pelo ministro do Meio Ambiente, o presidente do BNDES, alguns secretários de meio ambiente da Amazônia etc.

Na prática, existiu um monte de dinheiro indo para um monte de gente, e todo mundo se beneficiou desse ecossistema. O repasse de recursos do Fundo Amazônia é feito pelo BNDES, a fundo perdido. Suponhamos que uma ONG que trabalhe para proteger a fauna tenha montado um projeto para desenvolver a cadeia de pequenos produtores de determinada espécie de peixe de água doce. Foi um projeto de R$20 milhões, e acabou não dando certo. Pergunta-se: a instituição envolvida é uma ONG de *advocacy*, um *think tank* ou uma fomentadora de negócios lá na ponta? Começa, como se vê, a ocorrer a confusão de papéis e possíveis conflitos de interesse. Esse projeto contempla a sociedade civil. Então, para a ONG em questão, o Fundo Amazônia é ótimo. Para os governos estaduais, o projeto também é bom. E para o Governo Federal, da mesma forma. Mas pergunto: qual foi a efetividade e a eficácia do recurso investido? Qual a dimensão de seu retorno para a sociedade? Enfim, quem responde por isso?

Essa componente da confusão de papéis, sobretudo dentro das instituições da sociedade civil, é um elemento gerador de certos conflitos. Se o papel de uma ONG é de vigilância, ou de *advocacy*, ou de defesa institucional do meio ambiente, no momento que recebe dinheiro do governo, fica difícil censurar o governo depois, como fica fácil criticar quando não recebe dinheiro.

O argumento — verdadeiro, a meu ver — que o BNDES, por exemplo, utiliza é o de que a sociedade civil chega aonde o governo não consegue chegar. Entretanto a prestação de contas não demonstra efetividade correspondente ao valor aprovado. Suponhamos que um projeto de aproveitamento de babaçu recebeu R$9 milhões. Um total de R$7,5 milhões foi gasto em consultoria técnica, equipamentos, transportes etc., e chegou à ponta apenas R$1,5 milhão, que beneficiou 80 mulheres locais. Como podemos medir se o projeto foi bem-sucedido?

Na minha ótica, deveríamos conferir quantas pessoas beneficiou, quantos hectares deixaram de ser desmatados por conta disso, qual foi a salvaguarda social, qual foi a melhora do IDH, enfim, aferir a melhora dos indicadores e comparar com outros projetos que receberam verbas semelhantes. Mas a análise real, nos relatórios, pode ser baseada em entrevistas com os consultores do projeto. A consultoria realmente usou os R$7,5 milhões em atividades necessárias, portanto, consideram o projeto bem-sucedido. Faz-se, também, entrevistas com as mulheres que foram beneficiadas por esse projeto. Elas estão felizes, porque cada uma recebeu recursos importantes. Mas é preciso questionar qual foi o benefício que esse recurso gerou na prática, por meio do monitoramento de indicadores práticos, para se saber se o projeto foi de fato bem-sucedido, ou se, debaixo de histórias bonitas, há um grande desperdício de recursos, que eventualmente poderiam ter sido mais bem investidos.

O processo de prestação de contas dos projetos financiados é bastante insuficiente. O barqueiro não tem nota fiscal, então rabisca um recibo de próprio punho e tudo bem. Convém, para muita gente, ter todos os contratempos para justificar prestações de contas pouco adequadas. E o que se faz? Como eu disse, entrevistam-se os consultores e beneficiários, tiram-se boas fotos, e caímos no Brasil para inglês ver — ou para norueguês e alemão verem. Algum político da Noruega pode, assim, dizer aos seus eleitores que está apoiando um projeto na Amazônia, que pode até ser questionável do ponto de vista de escala e real impacto, mas que gera fotos lindas.

A seguir, mostro um exemplo que está no site do Fundo Amazônia. Trata-se do Projeto APL Babaçú. O projeto já está concluído, e houve um aporte total de R$4.897.058,37. Na avaliação final do projeto, há um relatório sobre os indicadores de eficácia e produtividade.

1. **Área de floresta diretamente manejada — hectares (indicador de efetividade)**

    Meta: 13 mil | Resultado alcançado: 10.054
    (meta não atingida)

2. **Receita obtida pelos extrativistas beneficiados pelo projeto com a produção de amêndoas (indicador de efetividade)**

    Meta: não definida | Resultado alcançado: R$900 mil (por que não se definiu uma meta?)

3. **Receita obtida com a venda de sabonetes "Babaçu Livre" (indicador de efetividade)**

    Meta: R$160 mil |
    Resultado alcançado: R$56 mil
    (meta não atingida)

4. **Receita obtida com a comercialização do óleo de babaçu (indicador de efetividade)**

    Meta: não definida | Resultado alcançado: R$3,9 milhões (por que não se definiu uma meta?)

**5.** Número de indivíduos diretamente beneficiados pelas atividades apoiadas pelo projeto (indicador de eficácia)

> Meta: 1.337 | Resultado alcançado: 1.200
> (meta não atingida)

**6.** Número de jovens formados pelas EFAs efetivamente utilizando os conhecimentos (indicador de efetividade)

> Meta: 50 | Resultado alcançado: 45
> (meta não atingida)

**7.** Número de organizações comunitárias fortalecidas (indicador de efetividade)

> Meta: 6 | Resultado alcançado: 6
> (desde quando isso é meta?)

**8.** Área de sistemas agroflorestais — SAFs implementada (indicador de eficácia)

> Meta: 280 hectares | Resultado alcançado: 210 hectares
> (meta não atingida)

Ou seja, podemos notar que a única meta atingida foi a de trabalhar com as seis organizações com as quais se propôs trabalhar. E que é difícil saber se o projeto foi bom ou ruim, porque as metas foram, no mínimo, mal definidas. Entretanto, apesar de somente ter atingido a meta de ter trabalhado com as seis organizações que se propôs a trabalhar, não tendo alcançado mais nenhuma entre as metas que o projeto definiu, quando o relatório segue para Sustentabilidade dos Resultados, a primeira frase é: "Pode-se dizer que o projeto se desenvolveu de forma favorável. Em termos de resultados, todos os produtos e serviços previstos foram executados, e seus objetivos, alcançados."

Ou seja, ainda que haja projetos bons e projetos ruins, não podemos defender a efetividade do Fundo Amazônia. Não conheço nenhum outro local no qual as metas não são atingidas e mesmo assim os resultados são satisfatórios.

Se alguém quiser fazer uma defesa global do Fundo Amazônia, pode exibir centenas de fotos maravilhosas. Mas se alguém quiser entender o que de fato voltou para a sociedade do dinheiro aplicado até hoje, de que maneira retornou, se poderia ter sido mais bem investido, a história é diferente, porque o desmatamento voltou a crescer, apesar de todos os projetos realizados.

As avaliações que precisam ser feitas na Amazônia são estas: quem está ganhando dinheiro na região e que não ganhava antes? Como essas pessoas, ganhando dinheiro, impactam positivamente a sociedade e o meio ambiente? É necessário redefinir os critérios de avaliação para se apurar o sucesso ou insucesso dos projetos financiados pelo fundo.

Para a iniciativa privada, desde 2008 não foi aprovado sequer um único projeto do Fundo Amazônia. Apesar de que, no site do Fundo Amazônia, na aba "Perguntas frequentes", há a resposta para a questão de número 12: "Os projetos para o

Fundo Amazônia podem ser apresentados por vários tipos de entidades, sejam órgãos e entidades da administração pública direta e indireta (federal e estadual e municipal); fundações de direito privado (incluídas as fundações de apoio); associações civis; empresas privadas; cooperativas; governo central do país beneficiário e instituições multilaterais".[5]

A iniciativa privada pode realizar projetos com o Governo Federal por dois meios: licitação ou notório saber. No caso do BNDES, por exemplo, aplica-se a Lei nº 13.303/2016.[6]

Mas o fato é que não existiu nem sequer um projeto realizado pela iniciativa privada. A sociedade civil (representada pelas ONGs, que não têm fins lucrativos) realizou aproximadamente 60% dos 102 projetos aprovados, que representaram aproximadamente 40% dos recursos. Os estados apresentaram projetos maiores, em termos de recursos, por isso receberam

---

[5] Texto disponível em: <http://www.fundoamazonia.gov.br/pt/como-apresentar-projetos/perguntas-frequentes/>.

[6] Particularmente o Art. 27: "A empresa pública e a sociedade de economia mista terão a função social de realização do interesse coletivo ou de atendimento a imperativo da segurança nacional expressa no instrumento de autorização legal para a sua criação.

§ 1º A realização do interesse coletivo de que trata este artigo deverá ser orientada para o alcance do bem-estar econômico e para a alocação socialmente eficiente dos recursos geridos pela empresa pública e pela sociedade de economia mista. [...]

§ 2º A empresa pública e a sociedade de economia mista deverão, nos termos da lei, adotar práticas de sustentabilidade ambiental e de responsabilidade social corporativa compatíveis com o mercado em que atuam.

§ 3º A empresa pública e a sociedade de economia mista poderão celebrar convênio ou contrato de patrocínio com pessoa física ou com pessoa jurídica para promoção de atividades culturais, sociais, esportivas, educacionais e de inovação tecnológica, desde que comprovadamente vinculadas ao fortalecimento de sua marca, observando-se, no que couber, as normas de licitação e contratos dessa Lei.

aproximadamente 60% dos recursos, apesar de trabalharem com aproximadamente 40% dos projetos.[7]

Como as ONGs não têm fins lucrativos, se o BNDES gosta de um determinado projeto, ele não licita, apenas repassa a verba. O raciocínio é o de que fazer repasse aos estados apresenta maiores chances de dar errado porque o Estado executa mal as obras e os projetos. E executa mal por quê? Porque muda o governo, muda a prioridade, porque o Tribunal de Contas levanta dúvidas, porque o Ministério Público impugna... Por isso, em tese, é mais interessante dar dinheiro para instituições da sociedade civil, porque executam tudo e mandam uma foto bonita depois. Para a justificativa contábil do recurso, é muito mais fácil colocar nas mãos de uma ONG do que nas mãos do Estado.

Gostaria de frisar que a falta de uma governança adequada e de uma liderança que faça uma gestão profissional de ponta a ponta, desde a avaliação de novos projetos, passando pelo monitoramento próximo da implementação dos projetos aprovados e financiados, até a medição dos resultados alcançados, traz um aproveitamento limitado dos recursos destinados a projetos em termos de desenvolvimento socioeconômico e impacto positivo para a preservação ambiental.

Há dinheiro para preservar a Amazônia e contribuir para o desenvolvimento socioeconômico regional, mas o aplicamos de uma forma pouco efetiva, não tivemos foco definido e não

---

[7] Informações detalhadas sobre a aplicação dos recursos do Fundo Amazônia podem ser encontradas neste endereço: <http://www.fundoamazonia.gov.br/export/sites/default/pt/.galleries/documentos/informe-de-carteira/2020_12_Informe-da-Carteira-Fundo-Amazonia.pdf>.

analisamos pragmaticamente os indicadores. Em suma, o Fundo Amazônia é de todo mundo e não é de ninguém. Como o comitê orientador é muito grande e abraça muitos interesses, não funciona — o que há é baixa fiscalização, baixa escala e baixa *accountability* para todo mundo, com a mais absoluta ausência da iniciativa privada e de critérios objetivos para a avaliação de projetos. E ninguém está olhando para a questão macro, que é utilizar o Fundo Amazônia em benefício do Brasil.

Tudo isso é a mais completa metonímia — ou, se quiserem, a metáfora — do sistema ambiental brasileiro: enquanto a iniciativa privada não tiver participação ativa na agenda ambiental brasileira, não conseguiremos preservar adequadamente o meio ambiente e promover o desenvolvimento sustentável.

## O QUE ESPERAR DO FUNDO DAQUI EM DIANTE

O Fundo Amazônia está travado, e não há, neste momento, oportunidade para ninguém — nem governos, nem ONGs e nem iniciativa privada. Os projetos que foram anteriormente aprovados e que estão em execução seguem em execução, mas nenhum projeto novo está sendo aprovado desde 2019, à espera de um acordo com os doadores para a constituição de um novo COFA. Sem esse comitê instituído formalmente, nada pode ser mexido no fundo, sob pena de os doadores retirarem os recursos. Mas algum termo de acordo muito provavelmente será assinado; na minha visão, isso é muito provável.

Sabe-se que o presidente eleito dos EUA, Joe Biden, está interessando em cooperar com projetos na Amazônia, e a posição do governo brasileiro é de cooperação. Há outros investidores nacionais e internacionais querendo colocar recursos em projetos de desenvolvimento da Amazônia. As doações possivelmente continuarão a ser feitas, mas talvez em outros projetos que não o Fundo Amazônia.

Não tenho dúvida alguma de que, quando o Fundo Amazônia voltar a funcionar, terá que contemplar a iniciativa privada. Por mera questão da necessidade urgente de eficiência e *accountability* que hoje faltam no acompanhamento dos projetos financiados.

## 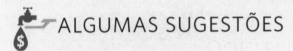 ALGUMAS SUGESTÕES

O Fundo Amazônia só será destravado quando houver ambiente para consenso entre Brasil, Alemanha e Noruega, o que certamente acontecerá em algum momento — aliás, já está acontecendo agora com os Estados Unidos. Assim, tomo a liberdade de propor três simples mudanças que dariam ao Fundo Amazônia um nível de efetividade muito alto.

### 1. Revisão da estrutura de comando

Seja com o COFA, seja sem o COFA, o caminho que, para mim, desenha-se no futuro do Fundo Amazônia é a entrada da governança, no seu sentido mais completo. Não são simplesmente a transparência e a participação universal, mas incluir o *ownership*, responsabilização, direção e controle. No momento em que forem montados um conselho deliberativo e/ou uma direção executiva para responder pela aplicação desses recursos do fundo no todo, e não apenas no micro, em cada projeto, aí teremos um impacto positivo na Amazônia, porque essas pessoas que estarão à frente colocarão em jogo sua reputação e sua carreira como gestores. Se os projetos derem bons resultados, elas ganharão prestígio. Se os projetos não tiverem sucesso, elas serão responsabilizadas e substituídas.

*[...] a sociedade civil continuará tendo sua participação, mas quem mandará no Fundo Amazônia é algo a ser definido, possivelmente pelo Governo Federal.*

Não se aprovará projetos com limitadas chances de dar certo, ou, no mínimo, menos projetos que tendem a dar errado serão aprovados. Acredito que a sociedade civil continuará tendo sua participação, mas quem mandará no Fundo Amazônia é algo a ser definido, possivelmente pelo Governo Federal. A responsabilização pelo todo precisa ser em alto nível, porque o Fundo Amazônia tem que agir em função das políticas públicas do país.

## 2. Remunerar bons projetos e estabelecer competição pela execução

Assim, a iniciativa privada terá interesse em propor bons projetos e em competir também para executá-los. Isso porque, em tese, a iniciativa privada tem mais apetite para o risco, faz melhor, faz mais barato e busca o lucro. Penso que o processo poderia ser por meio de Propostas de Manifestação de Interesse (PMI). Qualquer entidade (inclusive privada) poderia propor desenvolver um projeto que, por exemplo, melhorará o IDH da região, diminuirá o desmatamento e a pesca ilegal. Vamos partir do pressuposto de que o projeto é muito bom, está bem estruturado e faz sentido, e por isso deve ser apoiado. O ideal, a partir daí, é o próprio BNDES licitar o projeto, remunerando, por meio da legislação do PMI, em até 2,5% o autor do projeto. Outras entidades e empresas privadas certamente observarão o projeto e poderão concluir que podem ser capazes de realizá-lo por um custo menor, e disputarão a execução. Isso estimulará a proposição de bons projetos e a competição pela execução, o que até hoje não aconteceu.

## 3. O próprio BNDES executar projetos para os estados e para o Governo Federal

O estado do Amazonas quer, por exemplo, fazer um laboratório para estudar a biodiversidade, e entendeu-se que o projeto é importante. Em vez de o Estado lançar um projeto para o Fundo Amazônia financiar, o próprio Fundo Amazônia poderia executar, porque o BNDES é um banco executor de vários projetos, um organismo mais ágil e menos sujeito a mudanças de governo e intervenções de órgãos de controle que ocorrem com mais frequência nos estados. Claro que o BNDES também tem que ser transparente, mas o efeito seria mais favorável para todos os *stakeholders* envolvidos e para o meio ambiente, porque a qualidade da execução seria melhor, já que a ficaria livre de problemas políticos locais e tribunais de contas estaduais, devendo prestar contas apenas aos organismos de controle federais, como o TCU e a CGU. Isso garantiria uma visão de longo prazo aos projetos nos estados e mitigaria bastante o nível de descontinuidade dos projetos.

## OPORTUNIDADES PARA A INICIATIVA PRIVADA

Haverá inúmeras oportunidades para a iniciativa privada. Vejo que o Fundo Amazônia poderá financiar, por exemplo, estudos para a concessão de projetos de créditos de carbono. São iniciativas que interessam a qualquer governo, porque fortalecem sua sustentação política e credibilidade perante a opinião pública. E que podem ser implantadas em unidades de conservação do ICMBio, mas também em unidades estaduais. Vejo que será estimulada a aplicação no Fundo Amazônia para fazer pagamentos por serviços ambientais. A iniciativa privada poderá fazer reflorestamento. Poder até trabalhar na recuperação da biodiversidade, por exemplo, realocando espécies exógenas — eucaliptos, búfalos etc.

Ainda que não sejam definidas novas linhas de atuação e apenas se mantenham os projetos das linhas atuais, as prioridades de qualquer governo serão as concessões, o pagamento por serviços ambientais, a regularização fundiária. É um mar gigantesco de oportunidades para a iniciativa privada — e as ONGs poderão continuar atuando. Lembro que, se os projetos de balcão puderem ser licitados, haverá participação ainda mais forte da iniciativa privada.

No próximo capítulo, entenderemos como funciona o Ibama, qual é seu impacto nas atividades da iniciativa privada e as tendências de melhoria e modernização nesse órgão que beneficiarão os negócios ambientais em um futuro breve.

# CAPÍTULO 4

# O QUE A INICIATIVA PRIVADA PRECISA ENTENDER SOBRE O IBAMA E COMO A RELAÇÃO ENTRE ELE E AS EMPRESAS PODE SER MUITO MAIS PRODUTIVA

Neste capítulo, quero mostrar como o Ibama funciona e afirmar que funciona, apesar de todas as dificuldades que enfrenta, tanto em estrutura quanto em recursos e em articulação com outros organismos e instituições. Tenho refletido profundamente sobre aspectos que podem ser melhorados, partindo do pressuposto de que é preciso eliminar a sobreposição de atividades. E mostrarei como a iniciativa privada pode construir uma relação com o Ibama mais produtiva, ativa e que traga benefícios para o meio ambiente e diferentes *stakeholders* envolvidos na implantação de novos empreendimentos de negócios.

# HISTÓRICO, ATRIBUIÇÕES E DESAFIOS

O Ibama precisa ser modernizado. Está desatualizado, e há razões históricas para isso. Foi criado em 1989 para atender demandas da sociedade civil, especialmente representada pelas ONGs. Na época, a proteção ambiental ainda não fazia parte das prioridades da maciça maioria da iniciativa privada. O resultado é que o Ibama, atualmente, está muito desconexo das reais necessidades das questões ambientais do país.

O Instituto Brasileiro do Meio Ambiente e dos Recursos Naturais Renováveis (Ibama) nasceu pela Lei nº 7.735, com várias atribuições, destacando-se o poder de polícia ambiental, o dever de executar as ações de política nacional de meio ambiente, sempre observando as diretrizes emanadas do Ministério do Meio Ambiente, e as ações supletivas de competência da União, em conformidade com a legislação ambiental vigente.

Com a Lei nº 11.516, de 2007, foi criado o Instituto Chico Mendes de Conservação da Biodiversidade (ICMBio), alterando a Lei nº 7.735, redistribuindo atribuições e conferindo ao Ibama um rol de tarefas que evidenciam falta de foco.

Para se ter ideia, o Ibama ficou com as atribuições que já tinha, às quais foram acrescidas as seguintes:

- Propor e editar normas e padrões de qualidade ambiental.
- O zoneamento e a avaliação de impactos ambientais.

- O licenciamento ambiental, nas atribuições federais.
- A implementação do Cadastro Técnico Federal.
- A fiscalização ambiental e a aplicação de penalidades administrativas.
- A geração e a disseminação de informações relativas ao meio ambiente.
- O monitoramento ambiental, principalmente no que diz respeito à prevenção e controle de desmatamentos, queimadas e incêndios florestais.
- O apoio às emergências ambientais.
- A execução de programas de educação ambiental.
- A elaboração do sistema de informação ambiental.
- O estabelecimento de critérios para a gestão do uso dos recursos faunísticos, pesqueiros e florestais; dentre outros.

Quando pensamos na estrutura do Ibama para todas essas atribuições, a primeira coisa a considerar é que é extremamente carente, nas instalações das unidades, nos recursos financeiros, na tecnologia disponível e no volume de pessoas trabalhando. Perto da metade dos funcionários se aposentou, e o primeiro concurso para reposição parcial (568 vagas) dessa mão de obra está agendado para 2022. Portanto, a carência é dupla: há menos funcionários e não foi agregada a diversidade de gente mais jovem, com mais energia e mais disposição para a mudança.

O que penso é que o Ibama deveria manter o foco em duas atribuições: fiscalização e licenciamento de empreendimentos no âmbito federal, trabalhando com os estados sempre que necessário. Todo o restante deveria se distribuir entre diretorias do próprio Ministério do Meio Ambiente e outras entidades.

Ainda que se conseguisse sanar todas as carências do Ibama que listei, o instituto não funcionaria efetivamente, porque os recursos estão mal alocados. O Ibama que conheci parecia um cartório. Havia gente demais ocupada com processos de cobrança de multas e identificação dos autuados para entregar as multas, e por isso não sobrava tempo para as outras funções, que deveriam ser o foco: fiscalização e licenciamento. Não seria má ideia o Ibama fazer uma parceria com o Ministério da Justiça para que os oficiais de justiça se encarregassem de entregar as autuações. Em suma, o Ibama funciona como uma justiça à parte, porque autua, depois julga quando o autuado recorre ao próprio Ibama e sentencia.

Vi inúmeros agentes nos estados correndo atrás de processos, outros, de autorizações, consumindo recursos de pessoal e de orçamento, enquanto as atividades mais relevantes e mais importantes ficavam ainda mais deficitárias. A forma de operação poderia ser muito melhor, e muito tem sido feito nos últimos anos para se buscar mais eficiência dentro da atual estrutura. Mas será que não vale a pena repensar a estrutura?

Um relatório recente da Controladoria-Geral da União (CGU) foi realizado com o objetivo de aprimorar, fortalecer e melhorar as operações do Ibama na confirmação ou cancelamento dos autos de infração lavrados durante a ação fiscalizatória.[1] De acordo com o relatório, o tema foi selecionado por critérios de relevância do objeto (controle ambiental), de criticidade (riscos operacionais) e de materialidade, ou seja, o volume de recursos públicos envolvidos — nos últimos 5 anos, segundo o relatório, o instituto lavrou cerca de 80 mil autos, representando uma média anual de, aproximadamente, 16 mil autos de infração e R$3,7 bilhões em multas ambientais.

As constatações do relatório são eloquentes. A primeira delas é a de que o Ibama autua, mas não recebe. Isso porque os processos, em média, levam 5 anos para tramitar; do total de autos lavrados entre 2013 e 2017, 19% aguardam ciência da infração pelo autuado (são R$7 bilhões em multas); e do total de autos lavrados, 61% são infrações acima de R$100 mil, que o Ibama tem deficiente capacidade operacional para julgar e para dar decisões em segunda instância.

Segundo o relatório, entre as principais causas para a falta de celeridade do processo estão (e eu cito): "a inadequação do modelo de definição das autoridades julgadoras para atender à demanda de processos; elevado estoque de processos físicos,

---

[1] O relatório pode ser consultado, na íntegra, neste endereço: <https://www.gov.br/cgu/pt-br/assuntos/noticias/2019/04/cgu-avalia-desempenho-e-gestao-do-processo-sancionador-ambiental-do-ibama>.

aguardando digitalização para terem seus trâmites retomados; as inconsistências verificadas nos normativos que regem o processo; a dependência de ações manuais para a realização dos atos de instrução e julgamento (baixa automação); e a falta de integração entre os sistemas utilizados na tramitação dos processos, gerando retrabalho e inconsistência entre os dados".

A CGU emitiu recomendações ao Ibama, sobretudo a respeito da necessidade de automação de fases processuais, da urgência de adoção de um novo modelo para o processo sancionador ambiental e de melhorias nos instrumentos de gestão, dentre outras.[2] Como o Ibama segue o Decreto nº 6.514[3], há quase sempre possibilidade de recurso contra a autuação, por isso, nem todas se transformam em multas.

Não é difícil confirmar as constatações da CGU, em seu relatório, ao ler notícia divulgada pelo Portal G1, em outubro de 2020,[4] dando conta de que, das 938 multas por desmatamento na Amazônia Legal aplicadas pelo Ibama ao longo daquele ano, apenas 3 foram pagas — uma no Pará e duas no Maranhão —, totalizando 0,3% do total de autuações.

---

[2] O chamado Processo Sancionador Ambiental do Ibama se refere às etapas de instrução e julgamento das infrações ambientais. Mais informações sobre o sistema de funcionamento da fiscalização do Ibama estão neste endereço: <http://www.ibama.gov.br/fiscalizacao-ambiental/o-que-e-fiscalizacao#oquee>.

[3] O Decreto nº 6.514/2008 dispõe sobre as infrações e sanções administrativas ao meio ambiente, estabelece o processo administrativo federal para apuração dessas infrações e critérios para a dosagem das multas.

[4] Reportagem disponível neste endereço: <https://g1.globo.com/natureza/amazonia/noticia/2020/10/31/apenas-3-de-quase-mil-autuacoes-aplicadas-pelo-ibama-por--desmate-na-amazonia-foram-quitadas-em-2020.ghtml>.

É preciso reconhecer que muito tem sido feito no sentido de digitalização e no sentido de buscar a conciliação. Entretanto, acredito que é importante pensarmos também na estrutura.

## ESTRUTURA SOBREPOSTA

O Ibama tem, em Brasília, além da presidência, a Diretoria de Planejamento, Administração e Logística (Diplan), a Diretoria de Qualidade Ambiental (Diqua), a Diretoria de Licenciamento Ambiental (Dilic), a Diretoria de Proteção Ambiental (Dipro), a Diretoria de Uso Sustentável da Biodiversidade e Florestas (DBFlo), a Superintendência de Apuração de Infrações Ambientais (Siam), o Centro Nacional de Monitoramento e Informações Ambientais (Cenima) e as Superintendências do Ibama nos estados. Existe uma Procuradoria Federal Especializada (PFE) junto ao Ibama, órgão de execução da Procuradoria-Geral Federal, cuja competência é representar judicial e extrajudicialmente o Ibama nas atividades de consultoria e assessoramento jurídico e promover a apuração da liquidez dos créditos de qualquer natureza.

Na minha visão, o Ibama, em Brasília, é um órgão muito grande. Tem bastante gente trabalhando na DBFlo com questões de biodiversidade e florestas que vão muito além de sua competência e que poderiam se concentrar no próprio Ministério do Meio Ambiente ou em conjunto com o ICMBio. O que há de mais relevante é o Sistema Nacional de Monitoramento de Florestas, que cuida de monitorar o controle da origem e da saída de madeira. A Diqua é responsável por grande volume de normativas e regramentos para licenciamento de produtos, e isso também poderia ser feito no MMA, na Secretaria de Qualidade Ambiental. São duas diretorias que cuidam de questões importantes, mas que poderiam ser absorvidas por outros órgãos do MMA. Porque, como está, gasta-se muita energia com tarefas sobrepostas, e falta foco, energia, recursos humanos e financeiros para aplicar em fiscalização e licenciamento, que são as prioridades. É importante também frisar que o Ibama só deveria licenciar empreendimentos em áreas federais (como as áreas sob tutela da Funai) ou que envolvam mais de um estado. Assim, não deveria se envolver com os empreendimentos feitos nos estados. Não poderia, como já aconteceu, ocupar-se de licenciamento de postos de gasolina em determinado estado porque a Secretaria do Meio Ambiente local não tem estrutura para fazer isso.

Estamos falando de grandes empreendimentos, mas também de alguns pequenos, então é necessária uma otimização, no sentido de dar, de uma forma mais célere e eficaz, licença para obras como linhões de transmissão, estradas, barragens etc. Há uma demanda expressiva, e muita gente que atua em outros segmentos, dentro do próprio ministério, podia trabalhar com isso.

No caso da fiscalização, é a mesma coisa. O Ibama tem que fiscalizar bastante, mas, de preferência, em conjunto com órgãos ambientais dos estados e, quando em unidades de conservação federais, com o ICMBio.

O ideal é que as duas funções, de licenciamento e fiscalização, sejam as mais fortalecidas. Há pessoal e recursos espalhados por outros segmentos do Governo Federal que poderiam ser absorvidos pelo próprio ministério e seus recursos e contingentes aproveitados nessas duas áreas-chave do Ibama.

## O ENTRAVE DOS CARGOS

Outro ponto extremamente relevante é a estrutura de cargos. O presidente do Ibama é um DAS-6,[5] equivalente ao cargo de secretário, no Ministério, enquanto os diretores são DAS-5, os coordenadores são DAS-4 (nessa base salarial, estão os superintendentes regionais do Ibama nos estados). O que quero esclarecer é que existe uma grande quantidade de cargos bem remunerados em Brasília, enquanto nos pontos de execução, nos estados do Brasil inteiro, todos os funcionários comissionados estão na faixa da DAS-3, 2 e até 1, ou seja, sub-remunerada. A única exceção é o superintendente de cada estado, que é um DAS-4. Existe flexibilidade de realocação de cargos para os

---

[5] O grupo DAS, na tabela de remuneração de cargos comissionados do Governo Federal, refere-se a cargos de direção e assessoramento superiores. O Decreto nº 8.973, de 24 de janeiro de 2017, aprova a Estrutura Regimental e o Quadro Demonstrativo dos Cargos em Comissão e das Funções de Confiança do Ibama, remaneja cargos em comissão e substitui cargos em comissão do Grupo-Direção e Assessoramento Superiores (DAS) por Funções Comissionadas do Poder Executivo (FCPE).

estados, inclusive com peso ponderado — pode-se trocar dois DAS-4 por três DAS-3 —, para poder levar pessoas de maior qualificação para cuidar das duas tarefas importantes, na ponta. Na prática, seria mais Brasil e menos Brasília. Com foco nas atribuições principais.

É importante mencionar que não há uma carreira para o servidor ambiental, como há na área militar ou na diplomacia. Em consequência, é muito difícil remover o servidor ambiental, a menos que ele próprio assim deseje. Chega-se, assim, a casos de superlotação de funcionários do Ibama em Santa Catarina e carência de funcionários em Santarém, no Pará, onde certamente existem mais urgências. Por isso, seria desejável implementar uma carreira, com distribuição mais equitativa de funcionários entre Brasília e as superintendências, e a realocação de analistas ambientais, por exemplo, seria mais fácil e rápida. Mas um plano de carreira depende de aprovação do congresso, e ainda não vejo uma janela de oportunidade.

## OPORTUNIDADES PARA A INICIATIVA PRIVADA

Existem os Centros de Triagem de Animais Silvestres (Cetas), e eu questiono se deveriam ter vínculo com o Ibama; o Centro Nacional de Monitoramento e Informações Ambientais (Cenima); e o Centro Nacional de Prevenção e Combate aos Incêndios Florestais (Prevfogo). São centros importantes e estão exatamente no foco de minhas indagações: por que a iniciativa privada não pode adotar um Cetas? Eu creio que, em algum momento próximo, a primeira autorização acabará saindo, para que empresas privadas possam comprar ração para animais acolhidos, custear tratamento veterinário ou até auxiliar financeiramente na reinserção desses animais no habitat de origem, quando possível. Na minha visão, esse é um trabalho que tem mais sinergia com o ICMBio e as unidades de conservação do que com o Ibama. Mas, independentemente de onde estejam os centros, são excelentes oportunidades para a iniciativa privada, sobretudo para aquelas que querem ter um impacto socioambiental relevante. Apesar de não serem investimentos gigantescos, são impactos importantes para o prestígio da empresa, e com baixo risco.

Ainda que não existam programas específicos chamando para doação, a iniciativa privada pode propor a implantação de uma brigada de incêndio. A sua contrapartida será de reputação, a inserção dessa ação ambiental em seu relatório de impacto socioambiental. Para efeito de indicadores, e isso é uma coisa que tenho defendido, imagine o impacto para o país ter um Prevfogo bem estruturado, com helicópteros, aviões e tudo o mais necessário. Os indicadores apontarão para menos queimadas, menos fogo, menos desmatamento, ou seja, serão muito mais positivos, e isso é um excelente investimento para a iniciativa privada. São investimentos exequíveis também para a conversão de multas e um mercado grande para serviços ambientais que as empresas privadas poderão prestar.

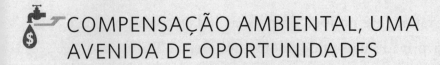# COMPENSAÇÃO AMBIENTAL, UMA AVENIDA DE OPORTUNIDADES

Há um modelo a ser criado que criará muitas oportunidades na questão de serviços ambientais. Na Dilic, quando é feito um licenciamento de uma obra de impacto ambiental, o processo gera um trabalho de compensação ambiental — alguém construirá, por exemplo, um grande empreendimento e precisa derrubar diversas árvores; para ser autorizado, como condicionante da licença de operação, o empreendedor é obrigado a depositar um valor arbitrado em uma Conta de Compensação Ambiental, ou deve o próprio empreendedor promover a compensação ambiental estabelecida.

A iniciativa privada precisa compreender que pode ter um lugar mais proativo na construção desse novo modelo.

O que acontece frequentemente é o empreendimento não ser realizado porque o empreendedor não soube construir o processo em conjunto com o Ibama ou com o órgão estadual de licenciamento. Ou seja, sabe que o impacto ambiental existirá, mas ficou esperando o órgão ambiental dizer qual é o impacto e como compensá-lo. Muitas vezes, a própria empresa pode trazer o projeto já pronto, com a indicação da compensação que está oferecendo para mitigar o impacto e proporcionar ganhos não apenas ambientais, mas também socioeconômicos para a comunidade ao redor do empreendimento. Entendendo melhor a legislação, o impacto e as condicionantes, o empreendedor pode atuar de maneira mais proativa, impactando também o dinamismo do licenciamento.

Lembro-me de uma intervenção grande da Petrobras na Serra do Mar em função de um oleoduto que mandava o produto direto para o porto de São Sebastião. O impacto para a construção do oleoduto foi grande, sendo preciso isolar a área, manter vigilância constante, desenvolver alguns projetos para a comunidade atingida e acompanhar tudo. Foi feito um convênio de compensação ambiental, que é uma condicionante para a operação do oleoduto e sem a qual não pode haver a operação. A Petrobras teve que fazer outros investimentos para compensar o dano ambiental. Nesse caso, o convênio teve que ser feito com a Fundação Florestal, e o licenciamento foi feito pela Cetesb, já que se tratava do estado de São Paulo e o impacto se dava sobre o Parque Estadual da Serra do Mar. Esse é apenas mais um exemplo de como funciona o processo de compensação ambiental, desde a construção de um edifício até a implantação de empreendimentos complexos. Quando os investimentos têm impacto ambiental, o órgão licenciador dirá quais são os impactos, que podem permitir ou não a viabilização do projeto, e, se os impactos puderem ser

*Entendendo melhor a legislação, o impacto e as condicionantes, o empreendedor pode atuar de maneira mais proativa, impactando também o dinamismo do licenciamento.*

compensados, o licenciamento é aprovado. Na minha opinião, existe uma avenida muito grande para a iniciativa privada, porque seria muito bom se o projeto já fosse apresentado de uma forma pré-moldada, já negociado com a sociedade local, dizendo quais serão as ações de compensação que serão feitas, mais positivas do que o impacto negativo. A iniciativa privada pode ter uma agilidade muito maior na elaboração e formatação do projeto e ajudar bastante o próprio Ibama e os demais órgãos licenciadores nos procedimentos de montagem dos quesitos para o licenciamento. E todo mundo ganhará: a empresa, que obtém o licenciamento mais rapidamente; o Ibama, porque tem diminuição na sua carga de trabalho de elaborar o projeto de compensação; e a sociedade, com a implantação do projeto e as ações de compensação. Na análise de um projeto complexo, o órgão licenciador tem que alocar muita gente durante muito tempo, enquanto uma empresa privada pode mobilizar sua estrutura interna com maior rapidez e eficácia para estudar e elaborar o projeto. Dessa forma, caberia ao órgão licenciador apenas auditar se a proposta está de acordo com a legislação, em vez de ele próprio ter que formular um plano de trabalho.

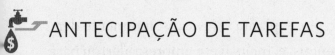

# ANTECIPAÇÃO DE TAREFAS

Mas qual a segurança jurídica de uma empresa para propor compensação ambiental se não existem parâmetros definidos para todos os projetos que podem ser apresentados?

Buscando no histórico dos licenciamentos, possivelmente não haverá uma jurisprudência muito bem definida para cada tipo de projeto. E quem arbitra como deve ser a compensação é o órgão licenciador. A empresa, então, elabora o projeto a partir de sua experiência e de sua intuição, o apresenta, e, se o órgão pedir mais estudos, ela atenderá, até que este se satisfaça. A empresa, agindo proativamente, deve demonstrar que, para um impacto negativo de x, ela executará ações positivas superiores a esse x, e já estabeleceu relacionamento com a comunidade local, que apoia o projeto e tem interesse nele. O responsável pelo licenciamento está sujeito a pressões de toda natureza; se chega para ele um projeto pronto e correto, a tendência é a de que aprove. Claro que o licenciador fará um trabalho técnico de análise e avaliação, mas se o projeto já apresenta compensação ambiental positiva e é de interesse da comunidade local, isso o ajudará bastante na tomada de decisão.

Vamos a um exemplo típico. Em um determinado estado brasileiro, seria implantada uma usina térmica, com um investimento de R$4 bilhões. Como o projeto estava perto de uma unidade de conservação, o órgão licenciador consultou o órgão responsável e o município. A planta estava absolutamente dentro dos critérios ambientais, e, inclusive, a empresa alertou para o fato de que haveria elevação da temperatura, nos cursos de água próximos da planta, em um grau e meio. A sociedade local soube desse aumento de temperatura não por iniciativa da empresa e reagiu negativamente, acionando a imprensa e promovendo movimentos de protesto. Nem se chegou a analisar os benefícios que poderiam vir do projeto. A empresa agiu defensivamente — convocou seus especialistas para mostrar que haveria compensação ambiental, que geraria empregos, mas o ambiente negativo já estava criado.

Agora, se a empresa primeiro mandasse seus representantes para conversar com as lideranças da região, comunicando que havia feito pesquisas que indicavam as carências locais (como saneamento básico, estradas, pontes de acesso) e que desejava apresentar um projeto que traria empregos para a região e que permitiria não só levantar recursos para suprir as carências, mas gerar receitas na forma de impostos para o município, e assim proteger ainda mais o meio ambiente, muito provavelmente o projeto teria sido aprovado. Não foi. A empresa desistiu. E quem mais perdeu foi o meio ambiente, porque poderia ter ocorrido um impacto positivo muito grande, que superaria de longe o dano ambiental. Perdeu também a sociedade local, porque há numerosos problemas fundiários e carências que poderiam ser resolvidos com o aporte de recursos para a municipalidade.

Não estou defendendo o empreendimento específico, que, em tese, tecnicamente estava correto. O que quero demonstrar é que, perante a sociedade local, a empresa proponente do empreendimento não soube construir um projeto aceitável de compensação ambiental e ficou esperando o órgão público indicar qual seria a recomendável. É evidente que o dano ambiental existiria, porque nas adjacências da usina a temperatura da água subiria um grau e meio. Mas o impacto positivo compensaria com folga o impacto negativo. Faltou diplomacia, diálogo claro e próximo com a sociedade local.

Apenas ilustrativamente, todos os projetos da Petrobras, por exemplo, causam dano ambiental, e é por isso que a empresa paga para que se faça a compensação ambiental.

A compensação pode ser feita de maneiras diferentes, dependendo do que o órgão licenciador decidir, conforme a legislação e os pareceres dos *stakeholders* envolvidos. A própria empresa proponente pode ser autorizada a executar as obras necessárias ou pode ser solicitada a depositar os valores correspondentes em uma conta específica, para serem usados nas obras que o órgão licenciador licitaria ou indicaria. Essa segunda possibilidade não é tão boa, porque o processo de autorizações é tão complexo e lento, que muitas vezes as obras de compensação demoram para ser efetivadas e o proponente fica refém do órgão licenciador e não consegue implantar o projeto enquanto a compensação não for feita.

Como informei, essa é uma grande avenida de oportunidades para a iniciativa privada, caso tenha competência para realizar ela mesma as ações de compensação.

Suponhamos o caso de construção de uma rodovia federal. Quem licencia é o Ibama, mas quem executa as obras é o Departamento Nacional de Infraestrutura de Transportes (DNIT), principal órgão executor do Ministério de Infraestrutura. O ideal seria que o DNIT, ao encaminhar o projeto da estrada para licenciamento, já fizesse um levantamento de tudo o que há de errado na região e que possa ser corrigido como compensação ambiental.

Do lado da iniciativa privada, que está frequentemente solicitando licenciamentos para construção de pistas de aviação, aeroportos, usinas hidrelétricas etc., o processo poderia ser o mesmo, ou seja, oferecer-se como executora das compensações ambientais. Favoreceria o licenciamento, contribuiria com impacto positivo para a comunidade local e aliviaria o peso de trabalho do Ibama ou do órgão responsável pelo licenciamento ambiental.

Mas tudo isso depende de como o Ibama e os órgãos ambientais estão estruturados para dialogar com a iniciativa privada, e vice-versa. Vejo uma evolução grande, mas ainda em velocidade tímida.

# COM OS OLHOS NO FUTURO

Outra constatação levantada pela CGU, no relatório citado no início deste capítulo, foi a de que o modelo de investidura e destituição de autoridades julgadoras do Ibama é deficiente e tem impacto na qualidade e imparcialidade das decisões. Isso leva a fragilidades na governança do processo, como já discutimos anteriormente.

Neste momento, o instituto está se moldando culturalmente na cúpula, buscando modernizar sua gestão, mas precisa se moldar culturalmente na base para que haja uma interlocução mais ágil e focada em soluções com o setor privado.

O que falta para o Ibama se tornar uma entidade mais efetiva e eficiente é uma reorganização estrutural e a implantação de uma carreira — o concurso é um paliativo. O mesmo se aplica ao ICMBio, na minha opinião. Como há dificuldade de realocação de pessoal, não é raro que analistas ambientais de uma determinada unidade sejam deslocados temporariamente (digamos, para ilustrar, de Goiânia para o Amazonas) e, durante a permanência fora da base de origem, passem a ganhar diárias. Imagine-se o que custa

*À medida que uma entidade fica mais transparente, com maior dinamismo, os abusos começam a ser mitigados.*

pagar salário e diárias, cumulativamente, para um funcionário que passe um ano inteiro fora de sua base?

Um segundo ponto importante é a tecnologia. À medida que uma entidade fica mais transparente, com maior dinamismo, os abusos começam a ser mitigados.

O terceiro ponto, que considero muito importante, é cultural. Estamos em uma sociedade dividida na pauta ambiental e há pouco espaço para se falar em modernização de estrutura. É preciso criar um ambiente que permita uma visão de longo prazo para o que a sociedade espera de um órgão fiscalizador. Como entendo a questão, acho que o meio ambiente não existe sem o capitalismo, porque, se é preciso preservar, também é preciso fomentar o desenvolvimento socioeconômico.

A quarta questão é foco. Uma questão que extrapola os limites do Ibama, porque precisa ser feita pelo MMA, em conjunto com o congresso, a realocação de atividades que não sejam nem fiscalização nem licenciamento, para outros órgãos do sistema ambiental e focar os recursos nessas ações prioritárias, de preferência em parceria com os estados.

Em resumo, passando em revista o que discutimos até aqui, o Ibama ainda não cuida do meio ambiente tão bem quanto poderia e ainda não cumpre as funções de fiscalização e licenciamento da forma mais adequada. Isso ocorre por falta de estrutura, em primeiro lugar, mas também por falta de foco.

Está ocupado em processar e multar, mas essa situação deve ser mudada, para que ele passe a ser um órgão que conscientize a iniciativa privada e que cobre dela serviços ambientais,[6] como veremos no próximo capítulo.

---

[6] A compensação ambiental é negociada antes que um dano ambiental seja causado. Depois que o dano for causado, a ideia é que, em vez de multa, o causador do impacto pague por serviços ambientais que corrijam o que foi destruído ou prejudicado. Essa é a diferença entre as duas expressões.

CAPÍTULO

5

# COMPENSAÇÃO AMBIENTAL E CONVERSÃO DE SERVIÇOS AMBIENTAIS: OPORTUNIDADES EXTRAORDINÁRIAS PARA O SETOR PRIVADO

A compensação ambiental é uma condicionante para o licenciamento de qualquer empreendimento por algum órgão ambiental, seja federal, estadual ou municipal. Para conferir a licença, o órgão ambiental avaliará o impacto negativo ao ambiente e condicionará a autorização a um compromisso de compensação ambiental. Ou seja, estamos falando de um dano ambiental que foi autorizado mediante compensação. Isto é, o mecanismo de condicionantes é anterior à compensação ambiental.[1] Por outro

---

[1] A Lei do Sistema Nacional de Unidades de Conservação (SNUC) prevê que o impacto seja compensado por meio de investimentos em unidades de conservação. Ver o Decreto nº 4.519, de 2002, disponível em: <http://www.planalto.gov.br/ccivil_03/decreto/2002/D4519.htm#:~:text=DECRETO%20N%C2%BA%204.519%2C%20DE%2013,que%20lhe%20confere%20o%20art>.

lado, a conversão de serviços ambientais normalmente pressupõe a conversão de multas ambientais em serviços ambientais. Na minha visão, o raciocínio é muito parecido, ainda que a questão da compensação ambiental já tenha uma jurisprudência muito maior.

Existem várias oportunidades para o setor privado nessas duas frentes, e explicarei por quê.

Para fazer a compensação ambiental, é preciso esperar que o organismo licenciador autorize o empreendimento e informe a forma de compensação que caberá ao empreendedor. Pode ser uma compensação indireta. Nesse caso, o empreendedor deposita o recurso em um fundo gerido por órgão ambiental. Ou o empreendedor pode fazer a compensação de forma direta, nesse caso, ele mesmo realizando a compensação. Entendendo que o formato de compensação ambiental funciona bem e gera inúmeros bons investimentos em todo o país.

*[...] no momento em que a iniciativa privada entender que pode e deve tomar para si essa iniciativa, teremos licenciamentos mais dinâmicos, e o setor público funcionará de maneira mais célere.*

O setor privado, entretanto, pode ser mais ágil e ajudar muito os órgãos públicos no que tange ao licenciamento. À medida que tem que apresentar os estudos de impacto ambiental, já pode trazer como parte da proposta o que ele pretende fazer para compensar o impacto. Pela minha experiência, a iniciativa privada ainda faz muito pouco isso. E aí está um mar de oportunidades, porque, no momento em que a iniciativa privada entender que pode e deve tomar para si essa iniciativa, teremos licenciamentos mais dinâmicos, e o setor público funcionará de maneira mais célere.

Com relação à conversão de multas, as oportunidades são gigantescas, porque as multas ambientais têm um percentual muito baixo de recolhimento — de 5% a 6%, como mencionamos no capítulo anterior, quando tratamos do Ibama. Ou seja, de cada cem multas, apenas cinco ou seis são pagas efetivamente. As outras são contestadas, ou demoram para ser julgadas por vários motivos e acabam prescrevendo. E aquele recurso das poucas multas pagas é depositado em uma conta do Tesouro Nacional e não é aplicado diretamente na reparação do dano ambiental que gerou a penalidade. Por isso, a conversão de multas em serviços ambientais é muito importante para o meio ambiente e para o processo de educação ambiental do infrator, aquele que cometeu o dano ambiental.

O objetivo deste capítulo é mostrar que a iniciativa privada pode licenciar seus empreendimentos de maneira mais ágil, ajudar os órgãos públicos na sua dinâmica de trabalho e realizar um trabalho de compensação mais rápido e mais efetivo. À medida que a prestação de serviços ambientais for sendo agregada à cultura do país, haverá um mercado enorme desse tipo de prestação de serviços — também de forma direta ou indireta, como ocorre com a compensação ambiental.

# O COMEÇO DA HISTÓRIA

No ano 2000, a Lei nº 9.985 instituiu o Sistema Nacional de Unidades de Conservação da Natureza (SNUC), que determinou que as unidades de conservação estão organizadas em dois grupos.[2] "Um dos grupos é formado pelas Unidades de Proteção Integral, destinadas a preservar a natureza, dentro das quais se admite apenas o uso indireto dos recursos naturais, e por isso as regras e normas são restritivas; pertencem a esse grupo as estações ecológicas, reservas biológicas, parques nacionais, refúgios de vida silvestre e monumentos naturais. O outro grupo é o das Unidades de Uso Sustentável, que conciliam a conservação da natureza com o uso sustentável de parte dos recursos naturais. Esse grupo é constituído pelas áreas de proteção ambiental, áreas de relevante interesse ecológico, florestas nacionais, reservas extrativistas, reservas de fauna, reservas de desenvolvimento sustentável e reservas particulares do patrimônio natural."

Os principais objetivos do SNUC[3] são "contribuir para a conservação da variedade de espécies biológicas e dos recursos genéticos no território nacional e nas águas jurisdicionais; proteger as espécies ameaçadas de extinção; promover a educação e a interpretação ambiental; promover o desenvolvimento sustentável a partir dos recursos naturais; promover a utilização

---

[2] Disponível em: <https://www.icmbio.gov.br/educacaoambiental/politicas/snuc.html>.
[3] Ibidem.

dos princípios e práticas de conservação da natureza no processo de desenvolvimento; proteger paisagens naturais e pouco alteradas de notável beleza cênica; proteger as características relevantes de natureza geológica, morfológica, geomorfológica, espeleológica, arqueológica, paleontológica e cultural; proteger ou restaurar ecossistemas degradados; proporcionar meios e incentivos para atividades de pesquisa científica, estudos e monitoramento ambiental; valorizar econômica e socialmente a diversidade biológica; favorecer condições e promover a educação e a interpretação ambiental, a recreação em contato com a natureza e o turismo ecológico e proteger os recursos naturais necessários à subsistência de populações tradicionais, respeitando e valorizando seu conhecimento e sua cultura e promovendo-as social e economicamente."

Na prática, estamos falando de quase 2.500 unidades de conservação no Brasil. Só o ICMBio é responsável por 334 unidades de conservação, que cobrem aproximadamente 10% do território nacional. A Fundação Florestal, de São Paulo, por exemplo, cobre 18% do território do estado.

Uma resolução do Conama de 2006,[4] porém, determina que a unidade de conservação esteja no mesmo bioma ou bacia

---

[4] Disponível neste endereço: <http://www2.mma.gov.br/port/conama/legiabre.cfm?codlegi=493>. Diz o artigo 33: "A aplicação dos recursos da compensação ambiental de que trata o artigo 36 da Lei nº 9.985, de 2000, nas unidades de conservação, existentes ou a serem criadas, deve obedecer à seguinte ordem de prioridade: I. regularização fundiária e demarcação das terras; II. elaboração, revisão ou implantação de plano de manejo; III. aquisição de bens e serviços necessários à implantação, gestão, monitoramento e proteção da unidade, compreendendo sua área de amortecimento;

hidrográfica do empreendimento. Mas não há uma regra sobre a unidade estar localizada no mesmo município ou no mesmo estado do empreendimento para receber recursos da compensação ambiental.

Portanto, há diversas oportunidades de investimento nessas unidades, no Brasil inteiro. Detalharei mais essas oportunidades no próximo capítulo, que abordará o ICMBio.

Em 2008, o Decreto nº 6.514 dispôs sobre as infrações e sanções administrativas ao meio ambiente, estabelecendo o processo administrativo federal para apuração dessas infrações. Esse decreto foi alterado em 2017 pelo Decreto nº 9.179,[5] para instituir o Programa de Conversão de Multas Ambientais, para ser aplicado em recuperação de áreas degradadas, proteção e manejo de fauna e flora nativas, monitoramento da qualidade do meio ambiente, mitigação ou adaptação às mudanças

---

IV. desenvolvimento de estudos necessários à criação de nova unidade de conservação; V. desenvolvimento de pesquisas necessárias para o manejo da unidade de conservação e área de amortecimento.

Parágrafo único. Nos casos de Reserva Particular do Patrimônio Natural, Monumento Natural, Refúgio de Vida Silvestre, Área de Relevante Interesse Ecológico e Área de Proteção Ambiental, quando a posse e o domínio não sejam do Poder Público, os recursos da compensação somente poderão ser aplicados para custear as seguintes atividades: I. elaboração do plano de manejo ou nas atividades de proteção da unidade; II. realização das pesquisas necessárias para o manejo da unidade, sendo vedada a aquisição de bens e equipamentos permanentes; III. implantação de programas de educação ambiental; IV. financiamento de estudos de viabilidade econômica para uso sustentável dos recursos naturais da unidade afetada."

[5] Disponível neste endereço eletrônico: <https://www.in.gov.br/materia/-/asset_publisher/Kujrw0TZC2Mb/content/id/19371469/do1-2017-10-24-decreto-no-9-179-de-23-de-outubro-de-2017-19371395>.

do clima, educação ambiental e promoção da regularização fundiária de unidades de conservação.

Novo aprimoramento veio com a Lei nº 13.688/2018, que autorizou o ICMBio a selecionar um banco público para gerir uma espécie de "Fundo Amazônia" da compensação ambiental.[6]

Antigamente, era entendimento geral que a compensação era feita diretamente pelo empreendedor. Era um problema, porque um órgão ambiental estadual de São Paulo, por exemplo, administrava mais de cem contas de empreendedores que depositavam dinheiro que era liberado mediante execução. E o empreendedor só obtém a licença no momento em que a compensação é feita, mas a execução é feita pelo órgão. Uma confusão!

Agora, além de o empreendedor poder fazer a compensação de maneira direta, ele pode também depositar o dinheiro no fundo, e o ICMBio executa. Para efeito de comparação, há pouco tempo a Fundação Florestal de São Paulo tinha um orçamento de cerca de R$60 milhões por ano, mas só de execução da Câmara de Compensação Ambiental,[7] tinha mais de

---

[6] Ver mais sobre isso em: <https://www.icmbio.gov.br/portal/infracoesambientais/julgamento-de-autos-de-infracao-2>.

[7] No estado de São Paulo, o Termo Compromisso de Compensação Ambiental (TCCA) é celebrado entre a Secretaria de Infraestrutura e Meio Ambiente e o empreendedor, com interveniência do órgão licenciador. A assinatura do TCCA é realizada como condição à emissão da Licença de Instalação (LI) do empreendimento, devendo, ainda, ser comprovado o depósito dos recursos da compensação ambiental em conta poupança vinculada ou no Fundo Especial de Despesa para Preservação da Biodiversidade e dos

R$200 milhões em projetos na fila. Os recursos são deliberados junto ao Conselho Estadual do Meio Ambiente (Consema) para definir quais projetos eram aprovados. O estado de São Paulo tem um mecanismo de termo de compromisso de compensação ambiental — e vários estados têm a sua própria metodologia para permitir ao empreendedor que gerará o impacto fazer algum tipo de investimento em serviços ambientais que compensarão esse impacto, conforme o regramento. Por exemplo, o maior provedor de recursos para o ICMBio é o pré-sal, que segue um regramento que define investimento no mar e um percentual para investimento na Amazônia. Mas não só. Um acordo recente prevê que a Petrobras faça a conversão de multas ambientais aplicando uma parte do valor devido para investir na Força Nacional.[8]

Para esclarecimento do leitor, o site do ICMBio traz uma série de perguntas e respostas a respeito de conversão de multas.[9]

---

Recursos Naturais (FPBRN). É utilizada a sistemática na qual os órgãos e entidades gestoras de unidades de conservação, habilitadas a receber recursos de compensação ambiental, encaminham planos de trabalho com a indicação da unidade de conservação a ser beneficiada, da atividade pretendida e da estimativa de valores para suprir tais atividades, que são submetidos à apreciação da Câmara de Compensação Ambiental.

[8] Mais detalhes em: <https://www.oeco.org.br/noticias/acordo-de-ibama-com-petrobras-destinara-23-milhoes-para-forca-nacional/>

[9] Saiba mais em: <https://www.icmbio.gov.br/portal/atendimentoaocidadao/comissao-de-etica/info/9944-perguntas-e-respostas-conversao-de-multas-em-servicoes-ambientais>.

# INFRAÇÕES E CRIMES AMBIENTAIS

Seguindo no raciocínio de evidenciar o grande volume de oportunidades para conversão de multas em serviços ambientais, cabe enumerar os tipos de crimes ambientais previstos pela Lei nº 9.605/98.[10] São cinco:

- Contra a fauna (arts. 29 a 37): "agressões cometidas contra animais silvestres, nativos ou em rota migratória, como a caça, pesca, transporte e a comercialização sem autorização; os maus-tratos; a realização de experiências dolorosas ou cruéis com animais quando existe outro meio, independentemente do fim. Também estão incluídas as agressões aos habitats naturais dos animais, como a modificação, danificação ou destruição de seu ninho, abrigo ou criadouro natural. A introdução de espécimes animal estrangeiras no país sem a devida autorização também é considerada crime ambiental, assim como a morte de espécimes devido à poluição." Aliás, cães e gatos foram incluídos recentemente, com o dobro da pena.

- Contra a flora (art. 38 a 53): "destruição ou dano a vegetação de Áreas de Preservação Permanente, em qualquer estágio, ou a Unidades de Conservação; provocar incêndio em mata ou floresta ou fabricar, vender, transportar ou soltar balões que possam provocá-lo em qualquer área; extração, corte,

---

[10] O texto da lei na íntegra está disponível em: <http://www.planalto.gov.br/ccivil_03/leis/l9605.htm>.

aquisição, venda, exposição para fins comerciais de madeira, lenha, carvão e outros produtos de origem vegetal sem a devida autorização ou em desacordo com esta; extrair de florestas de domínio público ou de preservação permanente pedra, areia, cal ou qualquer espécie de mineral; impedir ou dificultar a regeneração natural de qualquer forma de vegetação; destruir, danificar, lesar ou maltratar plantas de ornamentação de logradouros públicos ou em propriedade privada alheia; comercializar ou utilizar motosserras sem a devida autorização."

- Poluição e outros crimes ambientais (art. 54 a 61): "passível de penalização a poluição acima dos limites estabelecidos por lei e a que provoque ou possa provocar danos à saúde humana, mortandade de animais e destruição significativa da flora. Também aquela que torne locais impróprios para uso ou ocupação humana, a poluição hídrica que torne necessária a interrupção do abastecimento público e a falta de adoção de medidas preventivas em caso de risco de dano ambiental grave ou irreversível. São criminosas a pesquisa, lavra ou extração de recursos minerais sem autorização ou em desacordo com a obtida e a não recuperação da área explorada."

- Contra o ordenamento urbano e o patrimônio cultural (art. 62 a 65): "Ambiente é um conceito amplo, que não se limita aos elementos naturais (solo, ar, água, flora, fauna), por isso, a violação da ordem urbana e/ou da cultura também configura crime ambiental."

- Contra a administração ambiental (art. 66 a 69): "condutas que dificultam ou impedem que o Poder Público (a quem compete a preservação do meio ambiente) exerça a sua função fiscalizadora e protetora do meio ambiente, seja ela praticada por particulares ou por funcionários do próprio Poder Público. Comete crime ambiental o funcionário público que faz afirmação falsa ou enganosa, omitir a verdade, sonegar informações ou dados técnico-científicos em procedimentos de autorização ou de licenciamento ambiental. Também comete crime ambiental a pessoa que deixar de cumprir obrigação de relevante interesse ambiental, quando tem o dever legal ou contratual de fazê-la, ou que dificulta a ação fiscalizadora sobre o meio ambiente."

No tocante às infrações administrativas, considera-se que sejam ações ou omissões que violem regras jurídicas de uso, gozo, promoção, proteção e recuperação do meio ambiente.

É o Poder Público que define a sanção. Entretanto, seja no caso de infrações ou crimes ambientais, existem circunstâncias atenuantes, previstas no artigo 14 da Lei de Crimes Ambientais, para a dosimetria da pena: baixo grau de instrução ou escolaridade do agente; arrependimento do infrator, manifestado pela espontânea reparação do dano, ou limitação significativa da degradação ambiental causada; comunicação prévia pelo agente do perigo iminente de degradação ambiental e colaboração com os agentes encarregados da vigilância e do controle ambiental.

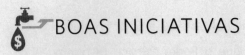# BOAS INICIATIVAS

É importante mencionar que tanto a compensação ambiental quanto a conversão em serviços ambientais foram concebidas para mitigar um dano. Por isso, quero me referir a um precedente que me parece muito interessante. A Secretaria de Meio Ambiente do estado de Goiás não tem uma câmara de compensação ambiental; ao contrário, acompanha os empreendedores, um por um, por meio da Gerência de Compensações Ambientais, Conversão de Multas e Recursos Especiais. O que a gerência faz, em tese, é lidar com projetos cujos executores não estão necessariamente no orçamento do governo. Na minha opinião, é uma iniciativa que apresenta um potencial imenso para a iniciativa privada. Parece fazer bastante sentido, e é preciso acompanhar os resultados e coletar os aprendizados.

Há no Brasil vários exemplos de compensação ambiental, e o maior deles, na minha opinião — e que assumiu uma dimensão maior, tornando-se socioambiental —, foi o acordo recente que a empresa Vale fez com o governo do estado de Minas Gerais, pelo rompimento e colapso da barragem de Brumadinho.[11] O acordo é de exatos R$37.689.767.329,00.

O Parque Natural Municipal de Porto Velho foi contemplado, em 2014, com R$1 milhão da compensação ambiental da Usina Hidrelétrica de Santo Antônio. O recurso foi usado

---

[11] Informações disponíveis neste endereço: <https://g1.globo.com/mg/minas-gerais/noticia/2021/02/04/vale-assina-acordo-bilionario-de-r-3768-bilhoes-para-reparar-danos-causados-em-brumadinho.ghtml>.

na reforma do museu e da sede administrativa do parque, além da aquisição de bens e equipamentos para as instalações.

O Parque Natural Municipal de Sertão,[12] no Rio Grande do Sul, recebeu R$87.800,00 de compensação ambiental da linha de transmissão nova de Santa Rita, recursos utilizados para o plano de manejo da unidade, em 2015.

São exemplos que refletem a tendência. Se acontecer outro dano qualquer, não creio que outro governador, seja de que partido for, preferirá ficar discutindo na justiça a compensação, o que pode durar anos. E a empresa não vai querer ficar à mercê do poder público para saber sua multa, precisando provisionar, a cada balanço, um valor que pode ser inferior ao arbitrado. Para a Vale, enquanto não era definido o passivo da empresa, que dependia da arbitragem de multa pelo órgão ambiental, o seu *valuation* estava prejudicado em função da incerteza. Para Minas Gerais, sem acordo, não seriam satisfeitas as perdas de Brumadinho e região. Um acordo desse tipo, transparente, com segurança jurídica, é bom para todo mundo. Claro que foi formatado junto ao Ministério Público, ao Tribunal de Contas e vários outros órgãos, tendo sido, inclusive, votado na Assembleia Legislativa; claro que houve uma negociação minuciosa e desgastante. Mas foi um mal menor para todas as partes.[13]

---

[12] Saiba mais em: <https://sema.rs.gov.br/parque-natural-municipal-de-sertao>.

[13] Ver também quais são as vantagens de aderir à conversão de multas, neste endereço: <https://www.infraestruturameioambiente.sp.gov.br/cfb/infracao-ambiental/conversao-de-multas/#:~:text=Vantagens%20da%20ades%C3%A3o%20

Mais do que isso, se o governo fosse executar, faria mal a execução, porque tem que providenciar licitação para tudo; já a Vale pode ser mais ágil. Seus processos tendem a ser mais rápidos. E ela tem mais chances de executar os projetos previstos no acordo — muitos na categoria de serviços ambientais, como recuperação de bacias — do que o próprio governo teria.

## ERROS QUE DEVEM SER EVITADOS NO PROCESSO

Acordos promovem dinamismo, tanto para o governo quanto para o infrator. E atendem ao grande infrator, como foi o caso da Vale, mas também aos pequenos, como o particular que cortou uma árvore que não podia ser cortada — esses também querem resolver logo a questão, para evitar anos de processo na justiça, e igualmente querem ter segurança jurídica.[14]

O que está sendo colocado de pé no Ibama e no ICMBio é um serviço de conciliação, que vem como base para essa conversão de serviços ambientais. O infrator é autuado, mas, antes de a multa ser validada, ele é convidado para uma audiência presidida por uma terceira parte. A terceira parte (idealmente a Advocacia Geral da União, ou pelo menos um representante de um órgão ambiental independente) certamente oferecerá a

---

%C3%A0%20convers%C3%A3o,ambiente%20e%20do%20desenvolvimento%20sustent%C3%A1vel>.

[14] Saiba mais em: <http://www.ibama.gov.br/conversao-multas-ambientais>.

possibilidade de conversão da multa em serviços ambientais — plantar tantas árvores para compensar a que foi cortado, no exemplo que dei.

Ainda há uma certa resistência quanto à conciliação, mas isso acabará sendo superado (mesmo que ainda demore alguns anos), simplesmente porque faz sentido para todas as partes envolvidas. A resistência existe não apenas por uma questão cultural, mas também porque os órgãos não conseguiram, ainda, agilizar os mecanismos de conciliação. E, à medida que as soluções começarem a funcionar, a resistência tende a ser mitigada.

O que se busca com o acordo é que se permita que o dano ambiental seja reparado logo, que haja segurança jurídica para o infrator e que se promova a educação ambiental, ou seja, que o infrator compreenda qual foi sua infração e aprenda para não fazer de novo. São Paulo, com acordos, conseguiu recuperar a cobertura de mata nativa de 19% para 23%. Esse é o futuro, e há muitas oportunidades para empreendedores aí. Isso porque o infrator passará por um processo de compreensão de qual foi seu erro, o que equivale à educação ambiental, e procurará reparar o dano ambiental que causou, de uma forma justa, o que resulta na criação de um grande mercado de serviços ambientais muito necessários.

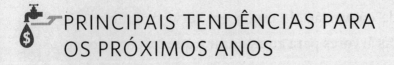
# PRINCIPAIS TENDÊNCIAS PARA OS PRÓXIMOS ANOS

O sistema de conciliação que acabei de citar só não aconteceu ainda por vivermos uma conjuntura política difícil e por causa da pandemia. Já houve, inclusive, um acordo com o congresso para a contratação de um fundo nacional de conversão de multas, que provavelmente seria operado pela Caixa Econômica Federal, semelhante ao Fundo de Compensação Ambiental gerido pelo ICMBio. Isso permitiria ao infrator ambiental depositar o recurso em um fundo que só seria investido em serviços ambientais.

Há outro tipo de ganho, na minha visão, que é onde o mercado chegará — não consigo precisar em quanto tempo, mas tenho convicção de que a direção será essa — que é a questão da criação de um mercado privado de *bonds* em serviços ambientais. Ainda há uma dificuldade grande para criar um modelo, mas imagine-se o acordo que a Vale fez com o governo de Minas Gerais: cinco anos atrás, seria inviável, mas hoje é aceitável, e no futuro será mais do que recomendável. Basta agora definir quem criará esse mercado e como ele deverá ser gerido. Essa regulamentação pode vir por uma portaria do MMA, por uma resolução do Conama, por um decreto presidencial, ou mesmo pelo congresso. Obviamente, será necessária a participação de diversos entes, como a AGU, a CGU, o TCU e mesmo o Ministério Público. Mas a jurisprudência está sendo criada aos poucos, e a tendência é essa.

Acredito que podemos chegar a um ponto em que teremos projetos em relação aos quais o infrator não apenas poderá depositar o equivalente da multa em um fundo, mas poderá comprar partes de um projeto de serviço ambiental. O empreendedor poderá colocar de pé um projeto que contemple tudo o que pode ser feito conforme a legislação, e o infrator, em vez de pagar uma multa, poderá comprar uma parte desse projeto.

Imaginando o futuro, talvez possamos nos espelhar em um mecanismo que existe no Peru, chamado "Obras por Impostos".[15] Com o intuito de dinamizar os investimentos em projetos prioritários, o governo peruano tem um portfólio de projetos que permite às empresas executar obras prioritárias, deduzindo até o limite 50% do imposto de renda devido em obras entregues.

Isso é bom porque o governo tem grande carência de obras de infraestrutura e seu processo de execução é lento e depende de orçamento e de vontade política. Executado pela iniciativa privada, ao mesmo tempo dá dinamismo ao processo, porque quem contrata a obra é a empresa, e, além disso, a obra pode ser até de interesse da própria empresa, como uma ponte, um hospital, que serão entregues ao Estado.

---

[15] Informações sobre o mecanismo podem ser encontradas em: <https://www.mef.gob.pe/es/?option=com_content&language=es-ES&Itemid=100270&lang=es-ES&view=article&id=3976>.

Na minha visão, é aonde podemos chegar, no Brasil, com os serviços ambientais. Os órgãos ambientais já estão começando a fazer portfólio de projetos. Por exemplo, o que ocorreu recentemente com a celebração de termos de ajustamento de conduta com petroleiras, que permite converter multas em aquisições de bens e serviços nacionais.[16]

O empreendedor pode escolher os serviços que os governos consideram prioritários, faz e entrega, ou pode investir, em vez de pagar multa, em um projeto que considera muito importante para o meio ambiente. E os serviços ambientais vão além do Sistema das Unidades Nacionais de Conservação, porque o projeto pode estar em saneamento básico ou árvores urbanas, por exemplo. O decreto tem uma coisa interessante, a meu ver: o serviço ambiental tem que ser no valor da multa ou superior — não é admitido qualquer desconto da multa, mas na conciliação, pode haver negociação. É o caso de um infrator que seja engenheiro ou pedreiro e pode contratar serviços a preços mais baratos do que os preços que o governo consegue.

Não temos ainda estrutura jurídica para realizar um sistema desses, mas chegaremos lá. Quanto tempo demorará eu não sei, mas chegaremos lá, porque a crescente transparência entre o público e o privado dará condições para isso. E o governo

---

[16] Informações neste endereço: <https://valor.globo.com/brasil/noticia/2021/02/12/anp-conversao-de-multas-pode-gerar-r-12-bi-em-novas-aquisicoes-de-conteudo-local.ghtml>.

poderá incentivar mais e mais serviços ambientais e criar um mercado gigante no Brasil inteiro.

No próximo capítulo, trataremos do ICMBio: seu funcionamento, oportunidades de parcerias para a iniciativa privada (investimentos em unidades de conservação) e as tendências de melhoria e modernização nesse órgão que beneficiarão os negócios ambientais.

CAPÍTULO

# 6

# O QUE O SETOR PRIVADO PRECISA SABER SOBRE O ICMBIO

O objeto deste capítulo é explicar a você não só o que é e como funciona o ICMBio, mas também o que é uma unidade de conservação. Uma meta extremamente desafiadora de alcançar por meio apenas da descrição, por melhor que seja, dentro de um texto. Ou seja: por mais que se leia a respeito de unidades de conservação, é necessário que se conheça algumas na prática para que se possa entender em profundidade o tema.

A visitação a unidades de conservação é imprescindível para quem quer enxergar oportunidades. Executivos de empresas comprometidas com ESG têm dificuldades para perceber o quanto são palpáveis as oportunidades de investimento nessas unidades, simplesmente porque as desconhecem. Na conversa, ainda que a teoria seja correta, bem definida e séria, tenho consciência da dificuldade que é fazer o interlocutor apreender a complexidade e a dinâmica das unidades de conservação no país. Ao mesmo tempo, esclareço a você que essa é a temática com a qual me identifico mais, em razão de meu histórico profissional na área do meio ambiente como diretor da Fundação Florestal, que é a entidade que cuida das áreas de conservação do estado de São Paulo, e da minha experiência como assessor especial do MMA.

Quando converso com meus clientes, percebo que eles entendem o que digo, mas, para tomar a decisão de investir em unidades de conservação, ainda lhes falta mais clareza. Falta testemunho, ver, observar, visitar e compreender amplamente pela presença as características das unidades.

Vamos começar entendendo primeiro o que é o ICMBio.

## INSTITUTO CHICO MENDES (ICMBIO)

O nome oficial é Instituto Chico Mendes de Conservação da Biodiversidade. Foi desmembrado do Ibama e criado como autarquia pela Lei nº 11.516, de 28 de agosto de 2007, mantendo-se vinculada ao MMA. Segundo o art. 1º dessa lei, "com autonomia administrativa e financeira, dotada de personalidade jurídica de direito público, com sede em Brasília, Distrito Federal, e com jurisdição em todo o território nacional".[1]

Alguns ambientalistas usam as denominações "agenda verde" e "agenda marrom" (com as quais eu não concordo, porque as considero preconceituosas) para diferenciar as tarefas do Ibama das do ICMBio: um dedicado à fiscalização e ao licenciamento, e outro dedicado ao cuidado com as unidades de conservação.

Hoje, o ICMBio é responsável pela preservação de 334 unidades de conservação em todo o país. De um ponto de vista muito simplista (e enfatizo que é simplista apenas para efeito de iniciar a explicação), essas unidades são basicamente as florestas. Mas, aprofundando o entendimento da nomenclatura, estamos falando de ecossistemas que constituem 10% do território nacional, e não apenas de florestas. Dentro desses ecossistemas há unidades de conservação integral, parte de uso público, APAs, reservas extrativistas e outras, mas penso que é mais razoável pensarmos em biomas. Um exemplo de unidade de conservação sob a responsabilidade do ICMBio é Fernando de Noronha, um ecossistema marinho extremamente relevante que nada tem a ver com floresta, assim como patrimônios culturais e naturais como o Cristo Redentor e os

---

[1] Atualizada pelo Decreto nº 10.234, de 11 de fevereiro de 2020. Informações disponíveis em: <https://www.icmbio.gov.br/cma/images/stories/Legislacao/Decretos/DECRETO_N%C2%BA_10.234_DE_11_DE_FEVEREIRO_DE_2020_-_DECRETO_N%C2%BA_10.234_DE_11_DE_FEVEREIRO_DE_2020_-_DOU_-_Imprensa_Nacional.pdf>.

Lençóis Maranhenses, por exemplo. Também é protegido pelo ICMBio o Parque Nacional do Iguaçu, esse sim com parte do ambiente formado por floresta. E como exemplo de floresta urbana, a Floresta da Tijuca, onde está o Cristo Redentor, no Rio de Janeiro.

A regra aplicável a essas unidades de conservação é a de que são parques nacionais criados ao longo dos anos para promover a proteção de ecossistemas — 132 das unidades estão na Amazônia Legal.

## ESTRUTURA QUE INCLUI PESQUISA

O ICMBio também é dedicado à pesquisa, em quatorze centros distribuídos pelo país. E aí reside o que eu chamo de conflito de competências que vejo na questão ambiental. E, nesse caso, até para além da temática ambiental.

Mas antes de aprofundar esse assunto, vamos ver a estruturação funcional do ICMBio. É preciso dizer que, da mesma forma que ocorre com o Ibama, o ICMBio é extremamente carente de instalações, recursos, tecnologia disponível e no volume de funcionários trabalhando. Houve nos últimos anos um número alto de aposentadorias. Está previsto para 2022 um concurso para 171 vagas, o que será apenas um paliativo.

Também enfrenta o problema de ser muito difícil o remanejamento de funcionários. Por exemplo, a regional de Florianópolis está lotada de gente, enquanto a de Santarém, que cobre uma região gigantesca, está à míngua por falta de pessoal.

A instituição tem como líder um diretor-presidente, com estrutura auxiliar semelhante à do Ibama, com procuradoria-geral, corregedoria, assessoria jurídica e diretoria de planejamento, mas com a diferença de que todos os gestores das unidades locais se reportam diretamente a ele.[2] As unidades descentralizadas sãos as gerências regionais, Unidade Especial Avançada, unidades de conservação federais, centros nacionais de pesquisa e conservação e Centro de Formação em Conservação da Biodiversidade. Já as unidades de conservação federais são coordenadas por gerências regionais, uma em cada região geopolítica do país, com sedes em Cabedelo (PB), Santarém (PA), Goiânia (GO), São Paulo (SP) e Florianópolis (SC). Para a melhoria da gestão das unidades descentralizadas, o ICMBio dispõe de bases avançadas e núcleos de gestão integrada, vinculados às gerências regionais.

Como órgãos específicos singulares, o ICMBio conta com:

- Diretoria de Criação e Manejo de Unidades de Conservação (DIMAN), dentro da qual estão a Coordenação de Criação e Planos de Manejo e a Coordenação de Fiscalização, e cabe a

---

[2] Para informações, consultar: <https://www.icmbio.gov.br/portal/nossaestrutura>.

esse grupo planejar, coordenar, supervisionar, avaliar e promover a execução das ações relativas à criação ou alteração de unidades federais de conservação, além de monitorar, prevenir e controlar desmatamentos, incêndios e outras formas de degradação de ecossistemas, e à aplicação das penalidades administrativas ambientais nas unidades de conservação federais e em suas zonas de amortecimento.

- Diretoria de Ações Socioambientais e Consolidação Territorial em Unidades de Conservação (DISAT), com coordenações dedicadas à ação social junto às comunidades locais e a consolidação fundiária. Isso porque o problema histórico é que o poder público criou unidades de conservação e não pagou ninguém, ou seja, não fez regularização fundiária. E cabe a essa diretoria resolver as pendências de anos e anos desse descolamento histórico da iniciativa privada.

- Diretoria de Pesquisa, Avaliação e Monitoramento da Biodiversidade (DIBIO), esta dedicada aos centros de pesquisa que mencionei. É responsável pelo monitoramento da biodiversidade, ao fomento e à autorização de pesquisas e ao ordenamento e à gestão da informação sobre biodiversidade, e também à elaboração do diagnóstico científico do estado de conservação das espécies e dos ecossistemas. Na minha visão, muito do que está no Ibama, na DBFlo, por exemplo, poderia estar aqui, porque não há necessidade de ter diretorias com atuação semelhantes em dois órgãos — é a sobreposição de competências de que venho falando. Outro exemplo são os centros de acolhimento de animais silvestres, que a meu ver têm muito mais sinergia com o ICMBio do que com o Ibama.

Para complementar minhas razões sobre o tamanho do problema da sobreposição de competências, citarei o Instituto Nacional de Pesquisas da Amazônia (Inpa), que tem a missão de gerar e disseminar conhecimento e tecnologia e capacitar recursos humanos para o desenvolvimento da Amazônia. Suas áreas de atuação: biodiversidade, dinâmica ambiental, tecnologia e inovação, sociedade e meio ambiente. Adivinhem onde está o Inpa? No Ministério da Ciência, Tecnologia e Inovação.[3] O Instituto Nacional da Mata Atlântica também está dentro do mesmo ministério, quando poderia se alocar no ICMBio.[4]

Portanto, o ICMBio deveria estar responsável por todas as unidades federais de conservação e pesquisa em biodiversidade, recebendo recursos adequados para que se consolidem, porque são estruturas que podem ser alocadas no país inteiro. O Instituto de Pesquisas Jardim Botânico do Rio de Janeiro,[5] outro exemplo, não está dentro da estrutura do ICMBio, mas poderia estar — e seriam economizados recursos que poderiam ser aplicados

---

[3] Informações neste endereço: <https://www.gov.br/mcti/pt-br/rede-mcti/inpa/>.

[4] Mais informações em: <http://inma.gov.br/>.

[5] Mais informações em: <https://www.gov.br/jbrj/pt-br>.

em ações de conservação, não só no próprio Jardim Botânico, mas em outras unidades pelo país.

A forma ideal, para mim, seria concentrar no Ibama as atividades de fiscalização e licenciamento, enquanto o ICMBio teria uma lógica de empresa. Detalharei essa questão mais à frente.

Eu não seria contrário a desmembrar a gestão de unidades de conservação e dos centros de pesquisa. Isso pode ser feito até em duas instituições distintas. Mas o importante é primeiro consolidar os recursos do Governo Federal que existem no país inteiro para essas atividades e depois cobrar resultados.

## ORIGEM DOS RECURSOS E PROBLEMAS

O ICMBio tem como fonte principal de recursos o orçamento federal, complementado por alguns recursos de compensação ambiental e de convênios com terceiros. As unidades de conservação já consolidadas e cedidas a concessionárias, como Cataratas do Iguaçu e Fernando de Noronha, repassam recursos — mas não ao caixa do ICMBio, e sim para a União, e é um recurso que fica diluído nas prioridades do governo e não é repassado especificamente para conservação. Mas essas empresas podem fazer investimentos em contrapartidas locais, que é o que se prioriza. Na hora da concessão, o ICMBio pode colocar, como contrapartida, benfeitorias nas unidades de conservação, doação de um carro de bombeiros, formação de uma brigada de incêndios etc. As benfeitorias, porém, não podem ser feitas nas áreas de uso público, que configuram o modelo de concessão adotado atualmente. As concessionárias, por esse modelo, cuidam apenas da parte da visitação turística. Quem cuida da proteção do meio ambiente continua sendo o ICMBio.

O que pode ser feito é desenhar um modelo de concessão, dada uma determinada carência, e colocar isso como investimento para a iniciativa privada, ou seja, como contrapartida pela concessão do uso público. Projetos de educação ambiental, por exemplo, são, muitas vezes, melhores do que o pagamento de uma outorga que vai para a União. Vários novos modelos de concessão estão sendo analisados e testados.

Citarei um dado que obtive do Instituto Semeia, uma instituição muito séria que já mencionei no primeiro capítulo.[6] O National Park Service, dos Estados Unidos — entidade federal que seria um par do ICMBio — administra 421 unidades de conservação com 34 milhões de hectares. Em 2019, o orçamento da entidade foi de US$3,4 bilhões. O ICMBio, no mesmo ano, teve um orçamento de R$791 milhões (US$142 milhões) para gerir 170 milhões de hectares de áreas protegidas. O orçamento do National Park Service, em

*O orçamento do National Park Service, em 2019, foi de US$70,59 por hectare; o orçamento do ICMBio foi de US$0,84 por hectare.*

---
[6] Para saber mais: http://www.semeia.org.br/nossa-causa.

2019, foi de US$70,59 por hectare; o orçamento do ICMBio foi de US$0,84 por hectare.

Eis por que insisto na necessidade de investir em unidades de conservação: porque falta tudo. E mesmo quando "tem tudo", ainda falta muita coisa. Reforço que a presença da iniciativa privada, além de permitir mais recursos, dá uma agilidade importantíssima para as ações, especialmente na interface com todos os *stakeholders* locais. O que quer dizer que, na minha visão, o ICMBio já é, em si, um mar de oportunidades para o investidor privado.

## OPORTUNIDADES

Sem fazer qualquer alteração na estrutura atual, as unidades de conservação já constituem os locais que mais oportunidades de negócios oferecem. Já está ocorrendo uma chegada do privado na política ambiental, e isso está ocorrendo também no ICMBio. O ICMBio administra 10% do território nacional, com uma lógica de passivo, mas o fato é que as florestas e demais ecossistemas valem mais de pé do que derrubados e, portanto, devem ser administrados como ativos, e não com uma perspectiva de obrigação.

Como ativo, a floresta deve providenciar retorno, como já mencionei, na forma de pagamento por serviços ambientais, biodiversidade, crédito de carbono. Por isso, defendo que o ICMBio deveria ser uma empresa. O modelo que considero adequado é o estilo Infraero. Minha sugestão é a de que se crie uma empresa brasileira pública de florestas — sugiro o nome de Empresa Brasileira de Florestas e Biodiversidade. À medida que os aeroportos passam a ser bons negócios, vão sendo concedidos para a iniciativa privada, até que a própria Infraero, um dia, possa ser capitalizada e privatizada. Isso porque o mercado já está maduro e o negócio dá dinheiro. O benefício mais evidente é que o ICMBio poderia começar a buscar lucro, porque, como empresa, tem que ter receita. Pode ser que a autossuficiência leve mais de vinte ou trinta anos, mas em algum momento precisa ser dado o *start*. Há outros exemplos que seguiram o mesmo modelo: Embraer e Embrapa — entre outros. A proposta é mudar a lógica: ao atuar o ICMBio como empresa, a prioridade de sua gestão seria realizar novos negócios e PPPs que efetivamente preservariam o meio ambiente e gerariam receitas que hoje não existem.

O modelo que gosto de pensar para o ICMBio é que ele fique com a pesquisa e as unidades de conservação, mas que concentre recursos para fazer em escala e atuar em parceria com unidades de pesquisa e gestores de unidades de conservação pelo país inteiro. Na hora que isso acontecer, haverá mais oportunidades ainda para o setor privado. E mesmo hoje há muitas oportunidades. O investidor privado pode adotar um parque, pode patrocinar uma pesquisa, pode trabalhar muito nas questões de regularização fundiária, um mercado gigantesco.

Ao empresário que quer fazer investimento no meio ambiente, não há outro mais efetivo do que em uma unidade de conservação. O Brasil já criou cerca de 3 mil unidades, muitas delas por decreto ou por lei assinada por quem nunca sequer as visitou. Entre fazer a lei ou o decreto e dar condição e recursos adequados para o funcionamento e o cuidado dessas unidades na base existe uma avenida enorme. E o Brasil ainda não fez essa lição de casa. Não me refiro somente àquelas sob a tutela do ICMBio, mas a todas as unidades de conservação do país, que enfrentam dificuldades principalmente no tocante à regularização fundiária.

Algumas grandes empresas já estão atuando em regularização fundiária, visando a ajudar o ICMBio a coibir atividades ilícitas de posseiros, grileiros, caçadores, garimpeiros e madeireiros ilegais: para regularizar a documentação, compram a área e, em seguida, doam para o ICMBio. É uma excelente atuação para a imagem e a reputação da empresa, porque resolve um problema da época da criação das unidades e que impacta diretamente sua conservação. Isso abre um espaço enorme para empresas pequenas atuarem nesse mercado.

No dia 3 de março de 2021, o jornal *Eco* publicou uma reportagem alertando que 10 mil hectares podem ser suprimidos do Parque Nacional de São Joaquim por falhas na regularização fundiária.[7] Ainda segundo o jornal, no país, o governo

---

[7] Matéria disponível neste endereço: <https://www.oeco.org.br/reportagens/atraso-historico-em-regularizacao-fundiaria-ameaca-encolher-parque-nacional-de-sao-joaquim/>.

paralisou a criação de fundo de compensação ambiental que serviria para indenizar proprietários de terras dentro de áreas protegidas. Cito trecho da reportagem: "O Parque Nacional de São Joaquim foi criado há 60 anos. Até hoje não foram regularizados seus quase 50 mil hectares distribuídos na serra catarinense. Proprietários ou ocupantes legítimos de terras não foram totalmente indenizados para deixar seus limites e posseiros ilegais não foram removidos." Há um projeto em andamento para que o parque deixe de ser parque, até porque, na realidade, nunca foi.

Isso explica por que a prioridade das câmaras de compensação ambiental, para aprovação de projetos, é justamente a regularização fundiária. Quando se regulariza a propriedade, os impactos ambientais, sociais e econômicos são mitigados, porque a tendência é desaparecerem os caçadores, madeireiros, garimpeiros e outros que não estão interessados em preservar coisa alguma. Só que o governo não tem dinheiro para fazer tudo. A iniciativa privada pode fazer a compra e a doação de um espaço de que o ICMBio precisa com mais rapidez e facilidade do que o governo.

Mas a regularização fundiária sozinha não resolve os problemas. Ou melhor, nenhuma ação isolada resolve os problemas, porque o meio ambiente é complexo, sobretudo em unidades de conservação. Por isso mesmo, a iniciativa privada tem mais oportunidades em unidades de conservação, já que pode realizar diferentes projetos com muito mais dinamismo

— muitas vezes, a questão central não são os recursos, mas a velocidade da ação.

Costumo dizer que, em vez de plantar mil árvores, o empresário pode fazer uma parceria com uma unidade de conservação e, com o mesmo recurso, proteger cem mil árvores. E ainda gerará empregos, créditos de carbono, biodiversidade. Do ponto de vista de efetividade, do ponto de vista ambiental e socioeconômico-ambiental, nada melhor, na minha visão, do que investir em uma unidade de conservação.

Quando menciono Ilhabela, Jureia, Ilha do Cardoso, Parque Estadual da Serra do Mar, para dar exemplos do estado de São Paulo, as pessoas entendem o que é o bioma, dentro daquela velha noção de que é mata, lugar que não pode ser desmatado, mas não compreendem a lógica de funcionamento, as carências, as oportunidades para atuar em conjunto, as dificuldades representadas pelos conflitos locais. Ocorre-me a carta de Pero Vaz de Caminha ao rei de Portugal, relatando, por meio da palavra escrita, as maravilhas e os pesadelos da terra recém-descoberta — e o rei, com certeza, leu e não entendeu.

## O CAMINHO DAS PEDRAS

Há cerca de 3 mil unidades de conservação em todo o país, e todas oferecem oportunidades semelhantes às 334 unidades de conservação do ICMBio. A mais fácil de ser observada é a de uso público, seja concessão ou permissionamento. Como o ICMBio não sabe gerir restaurantes ou serviços de guia turístico, a iniciativa privada pode fazê-lo com muita qualidade, eficácia e profissionalismo. E já existe uma cultura no país de trazer o setor privado para a gestão do uso público. O permissionamento é uma modalidade que leva menos tempo para ser aprovada, e o processo é mais simples e mais específico. Aplica-se a serviços de operação de menor monta, em uma área preexistente. Por exemplo, no Parque Estadual Turístico Vale do Ribeira (Petar), foi feito o permissionamento de uma lanchonete, para um período de cinco anos. Em um caso desses, a manifestação de interesse pode ser feita pela própria Fundação Florestal, gestora do Petar, por meio de chamamento público.

Vamos supor que uma empresa tenha interesse em implantar um teleférico em uma unidade de conservação. O projeto pode ser apresentado de duas formas: ela pode propor ao órgão responsável pela unidade, por meio de manifestação de interesse, construir o teleférico e implantar outros serviços, como estacionamento, tirolesa, guia turístico, restaurante. Naturalmente, será necessário conhecer o plano de manejo da unidade de conservação para verificar se é possível implantar ali um teleférico. Esse é o caso de uma concessão de uso público, porque demanda mais investimento e são exigidas mais garantias. Pode também ser iniciativa do Estado, que, em vez de investir em serviços para uma determinada unidade, faz um chamamento com as condições que acha convenientes, como os investimentos mínimos necessários, se gerará empregos, se pagará outorga, qual o cronograma e que benefícios serão obtidos. Isso será modelado, com padrões de serviços definidos, e a melhor proposta ganha. Melhor, no sentido de que o serviço oferecido trará mais visitantes, a frequência de visitantes expulsará posseiros, caçadores, garimpeiros e madeireiros ilegais, e todo mundo ganha. Tratarei disso mais adiante, com mais profundidade. Apenas quero adiantar que o modelo da concessão traz uma lógica de ordenamento do uso público por lei de mercado.

Cada uma das unidades de conservação precisa ter um plano de manejo, mas muitas ainda não têm. Outras têm planos de manejo absolutamente inexequíveis, porque são antigos e não previram contingências que mudam ao longo do tempo. O bom plano de manejo é objetivo, condensado e dá ao gestor liberdade de aproveitamento de novos serviços e iniciativas na sua unidade, desde que não fuja de padrões estabelecidos.

## PATROCÍNIOS

A forma mais difundida de projeto com atuação da iniciativa privada, mais famosa porque está na imprensa, é o Programa Adote um Parque, do ICMBio. O próprio governo faz um chamamento, cria um programa e diz que o privado — qualquer indivíduo do Brasil ou do mundo — pode doar recursos para uma unidade de conservação. A média de investimentos é de cerca de €5 por hectare. Será montado um plano de trabalho, e o indivíduo ou empresa patrocinará esse plano de trabalho. Por exemplo, aquisição de uma viatura para fiscalização, ou um drone; formação de uma brigada de incêndio; rodada de *workshops* com as comunidades locais para educação ambiental. Qualquer coisa que caiba no escopo de uma unidade de conservação, a empresa pode fazer, em parceria. Frisando que a figura jurídica dessa parceria é a doação.

Existe o que se chama de manifestação de interesse privado, em que uma empresa ou indivíduo pode comunicar interesse em fazer a parceria. A empresa ou pessoa pode manifestar interesse, por exemplo, em doar uma viatura para uma unidade de conservação. Será um procedimento bem mais simples, que será divulgado no Diário Oficial, dando um prazo para que alguém se manifeste. Pode surgir alguém que ache que doar uma viatura é pouco e propõe doar duas. Se ninguém aparecer, a doação é feita da maneira que o proponente preferir.

Insisto nesse ponto porque a iniciativa privada tem o hábito de esperar que o governo diga o que quer e de que precisa — mas o governo sequer tem estrutura para divulgar de que necessita, porque o ICMBio é muito grande e as 334 unidades de conservação sob sua tutela estão ocupadas demais para se dedicar à burocracia do chamamento público. A iniciativa privada pode sair na frente, se antecipar e investir na preservação, ganhando reputação, prestígio e, em decorrência disso, dinheiro. Mas, mesmo que o investidor não conquiste um retorno financeiro imediato, obterá retorno em reputação e uma imagem que fortalece o ESG de sua empresa, encantando clientes e possivelmente aumentando vendas. Além disso, sendo social e ambientalmente responsável, terá mais facilidades ao buscar fontes de financiamento e fomento.

As carências das unidades de conservação são enormes. Uma reportagem recente levantou que parques nacionais têm, em média, um funcionário para cada 11 mil hectares.[8] Evidentemente, o patrocinador não poderá contratar funcionários para o ICMBio, mas pode doar drones que agilizam a fiscalização, ou viaturas, barcos e equipamentos. E pode atuar em fiscalização, em educação ambiental, em regularização fundiária, em remoção de espécies exógenas, em pesquisas, entre outras.

Repito que não há nada mais efetivo — do ponto de vista de carbono, biodiversidade e salvaguardas socioambientais — do que o investimento em unidades de conservação. Comecei este capítulo falando do desafio para o leitor que é entender plenamente minhas argumentações. Estou defendendo uma

---

[8] Segundo o relatório "Diagnóstico de Uso Público em Parques Brasileiros: A Perspectiva da Gestão", do Instituto Semeia, publicado em março de 2021. Mais detalhes na reportagem da jornalista Duda Menegassi, em: <https://www.oeco.org.br/noticias/parques-nacionais-tem-em-media-1-funcionario-para-cada-11-mil-hectares/>.

tese, criando um produto. E não basta ler sobre isso, é preciso visitar e conhecer *in loco* a realidade e o contexto dos biomas.

No próximo capítulo, exponho o que você deve saber sobre concessões de unidades de conservação, um mercado com grande potencial de crescimento nos próximos anos e que tem despertado o interesse de várias empresas.

CAPÍTULO

# 7

# CONCESSÕES DE UNIDADES DE CONSERVAÇÃO

Um estudo do Instituto Semeia informa que os parques brasileiros têm potencial para impactar o PIB em R$44 bilhões e gerar 978 mil empregos. O potencial é enorme! Neste capítulo, detalho a questão das concessões. Acredito que — para o bem do meio ambiente — esse mercado deve passar por um crescimento exponencial ao longo dos próximos anos. E que há inúmeras oportunidades para bons investimentos.

Há duas razões pelas quais eu quis dedicar para esse tema um capítulo inteiro. A primeira razão é que é superimportante levar o *business* para dentro da unidade de conservação, porque permite aos cidadãos locais ganhar dinheiro com atividades legais. É um tema delicioso, e por acaso é um tema com o qual eu atuei mais, tanto em São Paulo quanto nos primeiros meses de minha missão em Brasília. A outra razão é que, além de ICMBio, Ibama ou Ministério, o tema das concessões está sujeito aos entes ambientais nos estados e nos municípios. O ICMBio é responsável, como informei, por 170 milhões de hectares em 334 unidades de conservação federais. No entanto, o sistema nacional de conservação do governo tem cadastradas aproximadamente 3 mil unidades de conservação. Portanto, é muito importante que o leitor tenha esse conceito de que, além das unidades de conservação federais, há um sistema nacional de unidades de conservação que transborda a responsabilidade do ICMBio. Só para fazer uma conta rápida, das mais de 3.300 unidades de conservação, o ICMBio é responsável por 10% das oportunidades oferecidas por elas. Ou seja, existem 90% das oportunidades espalhadas por outras unidades de conservação pelo Brasil inteiro.

Na prática, essas oportunidades não são bem coordenadas, em geral. Depende da capacidade do estado. Um exemplo recente foram os estados do Norte: todos contam com unidades de conservação, e foi onde mais cresceu o desmatamento durante muitos anos. Em São Paulo, a atuação da Fundação Florestal, proporcionalmente ao resto do país, garante um bom cuidado às unidades de conservação no estado. Primeiro concedeu a unidade de Campos do Jordão, e depois, no ano de 2021, foram concedidos o Caminhos do Mar,[1] localizado no Parque

---

[1] Para mais informações, acesse: <https://bit.ly/3xjbH8H>.

Serra do Mar, e Cantareira. Estão em andamento estudos sobre a concessão de outros parques, como o Petar. Enfim, há muitas unidades de conservação pelo Brasil das quais o ICMBio não pode cuidar e nem sequer são de sua alçada. Em um mercado que transborda o ICMBio, a lógica é bem parecida.

Em lugares com problemas de regularização fundiária, quase todas as unidades têm problemas de conflito social. Normalmente, os locais mais preservados são aqueles em que a sociedade local se apropria e tem renda atrelada a ela. Aquelas de que a sociedade local não se apropria normalmente têm presença de atividade ilícita, seja garimpo, corte de madeira, grilagem de terra, plantio de maconha, desova de carros, extração de palmito etc.

Por que a concessão de unidades de conservação é oportunidade de negócio para a iniciativa privada? Porque existe um mercado crescente de ecoturismo, demanda por bons serviços, e o poder público é incapaz de propiciar esses bons serviços por falta de capacidade de atuação. Do ponto de vista mercadológico, isso é uma demanda grande. Então, é melhor deixar para a iniciativa privada, que tem as competências para essa atuação. Em resumo: a demanda para o turismo é alta em razão do nosso paraíso natural gigantesco, de beleza cenográfica, e ao mesmo tempo carência de serviços. São todos serviços não necessariamente atrelados ao turismo ecológico, mas complementares a ele.

Por exemplo, a pessoa interessada em ecoturismo quer visitar a estrada velha de Santos, que por acaso fica no Parque

Estadual Caminhos do Mar, já concedido. É um local onde está a calçada do Lorena, construída no final do século XVIII, que foi a primeira ligação pavimentada entre São Paulo e o litoral sul paulista; por ali subiu Dom Pedro I, em setembro de 1822, para o planalto, para proclamar a independência do Brasil. Há casas muito antigas, em um lugar maravilhoso, de onde se pode vislumbrar uma vista linda de quase 40km. Como local para implantação de negócios, é promissor. Mas o turista chega lá e ainda não encontra um bom lugar com acomodações para fazer uma alimentação de forma adequada, ainda não há um restaurante de boa qualidade, enfim, ainda falta uma estrutura mínima de serviços. Quanto menos estrutura existe, menos turistas vão visitar o lugar. O turista quer restaurantes, segurança, banheiros adequados, guias. À medida que existam essas facilidades, mais e mais turistas e visitantes são agregados. Se não tem nada disso, o lugar fica restrito a atletas, mochileiros, desbravadores e aos exploradores ilegais. Quando se vai agregando estrutura, mais se possibilita às famílias, aos idosos, às crianças e aos deficientes físicos conhecer essa beleza cultural e paisagística.

Outro exemplo. Na Amazônia, existem comunidades onde é possível fazer extrativismo porque, como é atividade econômica rentável para os habitantes daquela região, a concessão do extrativismo é permitida. Então, nos locais permitidos, pode-se colher o açaí, ou coletar sementes para reflorestar, e pode-se fazer pesquisa dentro do campo extrativista. Ou seja, coletar material permitido dentro do plano de manejo, dentro de uma reserva extrativista, propicia lucro. Isso exige que essa reserva seja preservada e que a atividade de preservação seja condição fundamental para desenvolver a atividade econômica. É um exemplo de como a concessão transborda o ecoturismo. O ecoturismo é a forma mais fácil de perceber a importância da concessão, porque está diretamente conectado com a demanda do cidadão urbano. Por isso, é mais provável que uma pessoa já tenha experimentado ecoturismo, mas muito possivelmente nunca tenha tido uma experiência extrativista prática. E poderá visualizar a grande conexão que existe entre a necessidade de preservação e o giro de atividade econômica.

Explico. Se o visitante chega e encontra a água suja, o rio poluído, o mar devastado, cheio de lixo, as edificações e rochas com pichação, acabou a atividade de ecoturismo. Para que a atividade gire, existe a demanda de preservação tanto do patrimônio natural quanto do patrimônio cultural.

*Quando uma atividade econômica que beneficia a sociedade local está atrelada à preservação, a experiência mostra que a sociedade local ajuda a preservar.*

Como é que se faz para preservar e ao mesmo tempo desempenhar atividade econômica? Usando o melhor amigo da preservação ambiental em uma unidade de conservação — e isso vale para as unidades do ICMBio e unidades do Brasil inteiro. E quem é o melhor amigo da preservação ambiental na unidade de conservação? É a sociedade local, beneficiada por meio da economia formal, que só existe se houver preservação ambiental.

Essa atividade pode estar ligada ao ecoturismo, mas também à pesquisa, ao extrativismo, ao crédito de carbono e à diversidade. O investidor pode desenhar isso e medir valor para uma atividade econômica, um valor inerente e dependente da preservação ambiental. Quando uma atividade econômica que beneficia a sociedade local está atrelada à preservação, a experiência mostra que a sociedade local ajuda a preservar.

Preservar não é cercar e impedir o acesso a um determinado ecossistema. Se acontece isso, o cidadão local não entra, o turista não entra, mas o palmiteiro não respeitará, o garimpeiro não respeitará, o traficante, o caçador, o madeireiro não respeitarão — quem fará uma atividade ilícita não respeitará o regramento.

Em contrapartida, se há a compreensão de que é necessário preservar aquele determinado ecossistema e elabora-se um plano de manejo que tenha um determinado uso de ecoturismo ordenado, uma visitação ordenada, o palmiteiro não sairá cortando palmito na frente do turista nem o garimpeiro garimpará na frente do turista. A sociedade local começa a se beneficiar dessa atividade econômica e começa a denunciar os ilegais, porque ela precisa dessa preservação como condição básica — ainda que muitas vezes não suficiente — para seu desenvolvimento econômico.

Entretanto, é um sistema de recompensa, não só de punição. A sociedade local ganha recompensa, de um lado, porque entende que tem um benefício palpável e, em vez de buscar atividades sem correlação com preservação, ela incentiva a preservação e vigia; e por outro lado, porque ela cuida daquilo do qual ela se apropria.

O ecoturismo é a modalidade de concessão mais fácil de ser observada em prol do meio ambiente, porque há muitas unidades de conservação no país, e, para os cidadãos urbanos, elas representam um apelo importante para visitação. Mas, para o bem do meio ambiente, a lógica pode ser a mesma aos numerosos outros tipos de atividade econômica.

## MODELOS DE CONCESSÃO

Já estão sendo estudados modelos de concessão nos quais o investidor poderá ter crédito de carbono. Conheço um caso em uma unidade estadual de Rondônia que está concedida para um grande projeto de carbono. Os empresários pagam para os moradores preservarem a biodiversidade da unidade, fazem investimentos na região, e a sociedade local só pode continuar recebendo tais benefícios se preservar também. A lógica é: eu preservo e eu ganho. Trarei mais detalhes do *case* adiante neste capítulo.

Há já um bom número de áreas concedidas, em todo o país, no caso do ICMBio, mas sei que, no momento que este livro é escrito, existem pelo menos mais 19 prestes a serem aprovadas dentro do programa PPI do Governo Federal. Além dessas, o BNDES está ajudando 26 empresas a fazer a mesma coisa. Sem contar os estados que já têm um programa próprio de concessão e que estão colocando em prática há algum tempo, como São Paulo, que, como dissemos, concedeu uma área em Campos do Jordão, uma na Serra do Mar e outra na Cantareira. E deve conceder mais algumas ao longo dos próximos anos. As concessões, portanto, estão saindo a um ritmo razoavelmente bom.

As concessões mais antigas seguem modelos que dão pouca liberdade ao concessionário privado, por isso, também, o Brasil demorou tanto para destravar esse mercado. Cito um caso interessante. O concessionário das Cataratas de Foz do Iguaçu me relatou que quis fazer uma filmagem lá na unidade para o lançamento de um carro. Para fazer essa filmagem, ele teria que pegar o "de acordo" do gestor local do ICMBio. O gestor podia concordar ou não. Fica evidente, de imediato, que não existe o regramento mais adequado, porque, quando o regramento é claro, a autorização é desnecessária — as regras da concessão deveriam prever essas contingências. Ficar sujeito à boa vontade do gestor, para o empreendedor, é risco. Do ponto de vista do regulador, é retrabalho — qual o sentido de o gestor do Parque Nacional do Iguaçu ter que

*Mais investimento representa mais atividade econômica, e, se for dentro de um regramento adequado, mais preservação será alcançada.*

perder o tempo dele analisando pedidos dessa ordem? Vê-se, pois, que o modelo antigo é restritivo e demanda que qualquer tipo de receita acessória precise ser avaliado e autorizado pelo gestor da unidade.

Hoje existem modelos um pouco melhores para o investidor — por exemplo, se contratar mais mão de obra local, paga menos outorga. Vários modelos estão sendo desenvolvidos, mas, ainda assim, são modelos imperfeitos, na minha visão, porque o modelo ideal é aquele que privilegia o investimento, e não a outorga.

Outorga é o que o empreendedor paga para o Governo Federal para poder operar. Investimento é o que o empreendedor aplica de fato na unidade de conservação. Mais investimento representa mais atividade econômica, e, se for dentro de um regramento adequado, mais preservação será alcançada. Isso ainda não se realizou porque o Tribunal de Contas da União não chegou a um consenso em relação aos modelos que privilegiam o investimento. Mas penso que, à medida que o mercado evolua, os modelos de concessão também devem evoluir.

## PLANOS DE MANEJO

Uma coisa importante é que esses modelos estão sendo moldados de maneira a estabelecer, em vez do que é permitido, aquilo que é proibido. E o que não estiver tacitamente proibido é permitido. Isso é possível ao ajustar as concessões em função daquilo que reza o plano de manejo. Um exemplo: se no plano de manejo está explícito que podem circular bicicletas na unidade e o concessionário resolve colocar patinetes, aí a autorização do gestor da unidade será necessária, porque o plano de manejo não especifica patinetes. O plano de manejo inteligente estabelece apenas o que é proibido, em razão das circunstâncias locais; tudo o mais é permitido. Isso é muito importante não só para as unidades concessionadas, mas também para as que virão a ser, a fim de que elaborem planos que deem liberdade para a sociedade local e o gestor local para que possam ser mais dinâmicos para incentivar o uso público da forma mais adequada. Reforço: quando o mercado pode fazer, a unidade tem mais preservação.

Está em discussão no país inteiro a modernização da cultura dos planos de manejo. O modelo tradicional era contratar uma consultoria ou uma ONG para fazer um estudo intensivo e definir o que não podia ser alterado no bioma. Hoje, aos poucos, contrata-se menos, e os próprios órgãos ambientais cuidam dos planos de manejo, que são mais concisos e mais objetivos, ao definir o que é proibido e o que não é. Não precisamos de um plano de manejo de mil páginas dizendo tudo o que se pode fazer; ao contrário, precisamos de um plano de manejo de cinquenta ou cem páginas dizendo o que não se pode fazer. E que seja um documento mais flexível, mais fácil de ajustar conforme as inovações vão aparecendo. Desse modo, quando for necessário revisar o plano de manejo, isso será feito mais rapidamente e com mais eficácia.

O responsável pelo plano de manejo é o órgão responsável pela unidade de conservação. E esse plano é o ordenamento daquela unidade. Define, por exemplo, que determinada área pode receber uso público intensivo, com portaria e restaurante. Em outras áreas podem existir trilhas com capacidade menor, portanto, o uso público deve ser menos intensivo. Um exemplo é o Intervales, no Médio Vale do Ribeira, que conta com dez cavernas que admitem uso público, monitorado, dentre as 150 da região. As outras 140 estão integralmente preservadas. Mas pode ocorrer que em algum momento de monitoramento, o espeleólogo refaça o estudo e perceba que uma dessas 140 pode ser visitada, ou que uma das 10 está recebendo mais visitantes do que a sua capacidade permite. É preciso um documento que seja respeitado, mas que ao mesmo tempo seja flexível, para ser modificado ao longo do tempo. Isso é importante não só para a concessão, mas para a segurança jurídica, o ordenamento e a proteção ambiental em qualquer caso, seja unidade concessionada ou não.

Afirmo que há a tendência de modernização dos planos de manejo, mas reconheço que ainda não existe um consenso nessa direção. As concessões ainda sofrem alguma resistência. Entretanto, é notório que as resistências têm diminuído, e a pauta é cada vez mais vista como positiva.

Em 2017, quando foi proposta a concessão do Horto de Campos do Jordão pela Fundação Florestal do estado de São Paulo, muita gente era contra. Mas se chegou a um ponto de conveniência para as diferentes partes envolvidas, e o plano de manejo da unidade já foi mais simples e melhor do que os então vigentes. A tendência, hoje, de planos de manejo mais simples, parece-me uma demanda das empresas e da sociedade civil por conta da temática ambiental ser uma prioridade, com o advento do ESG. Em minha visão, nesse caso, não apenas uma questão ambiental, mas também uma questão de governança.

A iniciativa privada é quem tem recursos para aportar e deseja assumir cada vez mais o protagonismo da agenda ambiental, fazendo investimentos e parcerias. Nesse sentido, portanto, a tendência é a de que tenhamos planos de manejo cada vez mais pragmáticos, mais efetivos e mais rápidos. Perdia-se, antes, tanto tempo para elaborar um plano de manejo, que, quando ficava pronto, não era mais exequível. O plano de manejo tem que ser um organismo vivo, acompanhando a necessidade de preservação e as condições de a sociedade local poder se desenvolver.

## DEFICIÊNCIAS DAS CONCESSÕES DE HOJE

A principal deficiência é que são exageradamente regulamentadas. Outra é que, no momento que escrevo este livro, o BNDES ajuda a modelar cerca de cem unidades, mas o governo, via o MMA, está analisando apenas dezenove. Um artigo recente do Instituto Semeia[2] revela que nos últimos três anos, foram

---

[2] Disponível em: <https://conexao.semeia.org.br/post/concessoes-de-parques-em-expansao>.

assinados três vezes mais contratos de concessão em parques, naturais e urbanos, do que nos quase vinte anos que os antecederam. Existe um mecanismo chamado manifestação de interesse privado. Os governos podem, mas têm um pouco de medo de fazer, porque o consultor que fará o estudo não sabe se será remunerado. Mas quando lembramos que existem milhares de unidades de conservação, não haverá BNDES ou PPI ou governo que aguente contratar tanta consultoria para elaboração de projetos de concessão. Já informei que existe uma figura na Lei de Concessões que permite remunerar a propriedade intelectual do projeto a ser concedido em até 2,5% do valor. Enxergo que isso é o que deverá fazer, de fato, o mercado alavancar de novo, em um crescimento ainda mais exponencial.

Para que as concessões avancem, é preciso ter gente no mercado que faça estudos e decida que quer operar. Alguém preparou um projeto e apresentou ao governo, que gostou e lançou uma licitação. Outra pessoa ganhou a licitação, e cabe a ela remunerar o autor do projeto em até 2,5%.

O desafio é gigantesco, porque são muitas unidades de conservação, e os órgãos ambientais não darão conta de estudar, planejar, operar e monitorar. Se conseguirem fazer com que o mercado entenda as vantagens de investir em preservação ambiental, a segunda onda virá. O dinheiro aplicado será eficaz em preservação e em benefício da sociedade local, e a fiscalização do ICMBio ou dos órgãos ambientais estaduais será fundamental para medir a efetividade dos investimentos.

Nesse caso, a tendência é a de que o Estado deixe cada vez mais de ser executor para focar o papel de regulador e fiscalizador.

O que se precisa é de um movimento da iniciativa privada, desde que haja uma percepção de risco menor por apresentar projetos. À medida que a iniciativa privada passar a apresentar mais projetos, o Estado multiplicará sua capacidade de fazer parcerias. Porque, em vez de contratar gente para estudar e modelar as ações, só verificará, proporá mudanças e chancelará, que é o que o Estado já faz hoje para licenciamento — pede ao proponente um estudo de impacto ambiental e avalia. O resulta disso é que, em vez de fazer um estudo de impacto ambiental, o órgão responsável direciona o foco de sua equipe para analisar esses estudos. Na prática, a equipe governamental, que hoje está ocupada em executar projetos, ficará livre para desempenhar atividades de monitoramento e fiscalização.

Para além de qualquer confronto ideológico, o que está acontecendo é um movimento da sociedade civil e da iniciativa privada para operar atividades econômicas em unidades de conservação, deixando ao órgão responsável a fiscalização e a cobrança por melhorias.

Ilustrarei com um caso que mostra que a iniciativa privada está assumindo o enfrentamento das questões ambientais. Claudio Pádua, um respeitado ambientalista, relatou em uma palestra que cerca de trinta anos atrás largou o mundo dos negócios porque queria preservar o meio ambiente. Foi trabalhar em várias ONGs, lançou um instituto. Há cinco anos, se tornou sócio de duas empresas, uma de crédito de carbono e outra de concessão de parques — voltou para o mundo dos negócios para preservar o meio ambiente. E seu propósito continua o mesmo.

Ou seja, antigamente a empresa tinha que ganhar dinheiro, e quem se dedicava a cuidar do meio ambiente não podia pensar em ganhar dinheiro. Agora, para preservar o meio ambiente de maneira mais efetiva, a empresa vai atrás de atividade lucrativa. É o mercado lucrativo que gerará essa capacidade de inovação nas questões ambientais.

## MODELOS E BENEFÍCIOS

As concessões em ecoturismo podem ocorrer, dentro de uma mesma unidade, para segmentos diferentes — uma concessão para operar o barquinho no lago e outra para operar o restaurante — ou uma só concessão que abarque tudo.

Existem unidades de conservação que podem admitir o extrativismo — são as chamadas Resex.[3] A base para qualquer concessão é sempre o plano de manejo.

As concessões de unidades para extrativismo podem ser de pesquisa ou de coleta de sementes ou mesmo do cruzamento dessas duas atividades. Um exemplo é uma empresa de produção

---

[3] Também há as unidades de uso integral, as áreas de preservação ambiental (APAs) com propriedade privada dentro delas.

de cosméticos, que pode extrair determinadas sementes, inclusive combinando o extrativismo com pesquisa e desenvolvimento de propriedade intelectual. Muito provavelmente, o modelo será do tipo que envolva a sociedade local, e, em mão dupla, os moradores locais se beneficiam e a empresa tem sua matéria-prima.

As contrapartidas podem se dar em biomas diferentes do concessionado, ou mesmo em locais que não sejam unidades de conversação. Um exemplo é a concessão de uma unidade atrelada à responsabilidade de melhorar a estrada que leva até lá.[4] O *business* pode ser lucrativo, e assim o investidor pode modelar para oferecer outras contrapartidas. E pode ser também algo que nem seja tão lucrativo, mas que é ambientalmente bom e pode ser colocado como contrapartida, ou como compensação para (no exemplo inverso) o concessionário da estrada.

Também há o modelo em que, além da atividade principal, o concessionário fará parcerias para ajudar o órgão público nas suas atividades-fim. O concessionário pode operar o hotel, o restaurante e a tirolesa, tendo que oferecer tantas horas de educação ambiental, tantos brigadistas ou outras compensações. É um cruzamento feliz de modelos.

A dinâmica da proteção ambiental está virando ativos e é importante para diversas empresas, que, embora não tenham nada a ver com a questão ambiental, podem investir pequena

---

[4] A título de esclarecimento, a concessão do Parque do Ibirapuera, em São Paulo (que não é uma unidade de conservação), como é um local muito lucrativo, teve como exigência de contrapartida que o concessionário opere cinco parques na periferia da cidade, que provavelmente não darão dinheiro.

parte de seu faturamento em preservação como ação relevante para seu relatório de sustentabilidade. Isso pode fazer com que o modelo fique ainda mais complexo.

As possibilidades de atuação em concessões não têm limite. A maioria atual é de ecoturismo, mas a amplitude é enorme. Retomo o exemplo de Rondônia, onde há uma concessão de crédito de carbono. Funciona da seguinte forma: o estado concede uma área para uma empresa, que, em vez de operar turismo, está pagando salvaguardas sociais para a comunidade — escola, bolsas de estudos, benfeitorias —, e a comunidade, para receber os recursos, tem que preservar e fazer o uso ordenado daquele ecossistema. O *business* da empresa é certificar créditos de carbono, porque há uma pressão pelo desmatamento na região, e isso faz todo sentido, porque o crédito de carbono remunera onde há pressão. O empreendedor é remunerado por assegurar a preservação e impedir o desmatamento e vende no mercado os créditos de carbono certificados. Para quem gosta do tema, vale a pena ficar atento aos movimentos do BNDES, que está fazendo um piloto para a concessão de até 2 milhões de hectares de florestas.

E é importante que uma jurisprudência está sendo criada e consolidada. Claro que é um mar de oportunidades, mas ainda com alguns obstáculos pela frente, como a construção de modelos e de consensos com os órgãos de controle.

Esse é um oceano azul. Quem empreender será pioneiro e tem todas as chances de lucrar e preservar ao mesmo tempo. É um mercado crescendo três a quatro vezes por ano. Em menos de dez anos, devemos ter um mercado imenso, mais de cem vezes maior que o mercado que existente em 2020.

## INDICADORES FINANCEIROS

Esse é um tema difícil, principalmente porque é novo. Não existe ainda, consolidado, o caminho das receitas acessórias. Aliás, não existe ainda a média de investimento, porque a variação é grande.

A lógica da contratação é estabelecida pelo poder público, que, quando licita alguma coisa, estabelece um teto de preço. Quem ganha é quem dá maior desconto. E se o mercado pode dar desconto, é porque consegue fazer mais barato do que o teto posto.

O empreendedor terá receitas que ainda desconhece e que o governo tampouco sabe quais são. Em uma concessão de trinta anos, certamente surgirão inovações, como novos tipos de drones, por exemplo, que poderão oferecer outras formas de lucratividade. Embora ainda não seja possível medir, o que já se sabe é que a modelagem é muito conservadora e prevê um retorno sobre investimento (ROI) mínimo de 12% ao ano, e com toda a certeza esse percentual será bem maior. Mesmo mercados mais maduros, como de rodovias, aeroportos e linhões de transmissão, que são lineares, são costumeiramente mais lucrativos do que o governo modelou.

Na área ambiental, a lucratividade é maior ainda, porque a disputa é menor e o mercado não é linear, mas exponencial. Pensemos em alguém que conseguiu uma concessão por trinta anos. Em algum tempo, ele consegue uma parceria com as pousadas da região e aumenta sua receita. Em seguida, faz parceria com agências de viagem e aumenta ainda mais a receita. Quantos produtos novos, nos quais ele não havia pensado no começo, podem ser agregados? Pode apresentar um projeto a um grande banco, para colocar brigadistas na área concessionada. Pode colocar balões com turistas a bordo para sobrevoar a região.

Quanto menor o *business*, maior o retorno proporcional. É uma lógica de mercado. Pensemos nas Cataratas do Iguaçu. É uma concessão que tem história, já se conhece o número de visitantes, que é de cerca de 1,5 milhão por ano, já foi operada por vinte e poucos anos e tem gente querendo disputar. Por isso, é muito provável que se possa estimar, nos próximos trinta anos, o nível de lucratividade e que os investidores aceitem um retorno menor, porque o volume é grande e a disputa será maior. Comparemos com o Parque Estadual do Rio do Turvo. Há uma caverna pequena, um riozinho e fica a 3 quilômetros da Rodovia Régis Bittencourt. Não tem o mesmo apelo que as cataratas, mas com um ou dois milhões de reais investidos, é possível deixar o parque novinho e multiplicar a visitação, que hoje é de 5 mil a 10 mil visitantes por ano, se tanto. O retorno será muito maior sobre o investimento.

O problema é que, quanto menor o negócio, menor a chance de o governo contratar um estudo para a concessão. Ou seja, maior a chance de o empreendedor que protocolar um estudo ser contemplado com a aprovação, porque a disputa é menor. E o retorno, proporcionalmente, é maior. Até porque existem receitas agregadas que não estão diretamente na área da unidade de conservação, mas em seu entorno.

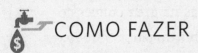

## COMO FAZER

Uma empresa que queira manifestar interesse por uma concessão deve, em primeiro lugar, conhecer o plano de manejo — ou influenciar os interlocutores adequados e a sociedade local para que seja elaborado, caso não exista. Encontrar o plano de manejo de uma unidade de conservação pode ser trabalhoso, mas não é difícil.

Entendendo o plano de manejo, é possível começar a planejar uma operação condizente com ele. Um exemplo: não adianta sonhar em operar 150 cavernas no Intervales, porque apenas 10 podem ser visitadas.

Em segundo lugar, verificar a questão fundiária, porque a empresa não pode operar em um lugar que não esteja devidamente regularizado. Ou seja, não se pode estimar receitas em locais sem a devida regularização fundiária. Entretanto, vale lembrar que se pode, às vezes, atuar com mais dinamismo que o Estado para realizar a regularização.

Como em qualquer investimento, existem duas linhas a considerar, o Capex (do inglês *capital expenditure*, que é o investimento de longo prazo) e o Opex (do inglês *operational expenditure*, que é o custo de manutenção da operação). O empreendedor precisa verificar quanto quer investir, de acordo com os critérios de investimento em Capex definidos pelo governo, e, da mesma forma, verificar quanto quer investir em operação, também de acordo com os critérios do governo. Quando o projeto apresentado detalha os investimentos a serem aplicados nessas duas linhas, tem boas possibilidades de ser aprovado e colocado para licitação.

É fundamental que a proposta tenha aderência do gestor da unidade, da municipalidade, da sociedade local e dos ambientalistas. Sem esse respaldo, haverá pouca chance de sucesso. Portanto, o diálogo é essencial para a construção desse apoio, para conhecer a realidade local e identificar eventuais riscos e oportunidades. De todo modo, a experiência mostra que um projeto muito bem estruturado, que preserve o meio ambiente e beneficie a população local, costuma ter boas chances de ser aceito por esses atores. E para o órgão gestor, o bom argumento é a redução de despesas com funcionários e custos gerais de manutenção da unidade. Essa é a própria razão da concessão: o poder público deixa de gastar com a unidade e canaliza recursos para onde são necessários, seja na fiscalização ou na preservação ambiental na ponta.

# MINHA VISÃO DE FUTURO

Os governos criaram muitas unidades de conservação para tentar preservar ecossistemas, mas há uma distância gigante entre o que foi criado e o que se pretendeu criar. Como já mencionei, o orçamento do ICMBio para 2019 foi de US$0,84 por hectare, enquanto o National Forest Service norte-americano tem dotação de US$70,59 por hectare. Foram criadas unidades demais no Brasil, e não existe dinheiro nem pessoal suficiente para cuidar delas — o que há de sobra é burocracia e lentidão em sua gestão.

Em uma mão, estão os governos — federal, estaduais e municipais —, que abraçaram todas as competências jurídicas da preservação ambiental. Na outra mão, está a iniciativa privada, que precisa ser efetiva também nos investimentos ambientais, que ultrapassam a questão da economia circular e da própria cadeia de fornecimento de serviços ambientais.

Antigamente, a iniciativa privada fazia seu relatório de sustentabilidade e o profissional de marketing o usava para vender produtos, alegando que "nós investimos em meio ambiente". O relatório já não basta, porque era feito antes para o consumidor final, e hoje é feito para analistas e investidores do mercado financeiro que medem o valor da empresa. Para o consumidor, era suficiente contar uma história bonita. Para o investidor, é preciso mostrar que a empresa fez o melhor possível com o dinheiro que tinha para investir em meio ambiente.

Imagine uma empresa que decidiu investir um dólar por árvore e plantou um milhão de árvores. Se ela fizer uma parceria com o ICMBio, esse dinheiro pode ser usado para preservar um milhão de hectares. O impacto é infinitamente maior. Acredito que cada vez mais o setor privado direcionará seus investimentos ambientais para projetos de alto impacto em parceria com o poder público.

Como os governos estão carentes de investimentos, embora tenham a competência jurídica e a obrigação de fazê-los, o impacto de cada investimento privado será muito maior do que se os governos o fizessem sozinhos. Penso que, em um futuro próximo, as unidades de conservação acabarão reguladas pelos governos e administradas pela iniciativa privada. Resultará daí uma coestratégia e uma cogestão, porque a necessidade pelo dinamismo da presença da iniciativa privada é latente.

Com todas as oportunidades que se apresentam, a iniciativa privada deve sair da lógica de passivo e entrar na lógica de ativo, e, em vez de plantar árvores apenas, investirá em unidades de conservação. A mudança já está em curso e independe de governos.

No próximo capítulo, explicarei a importância da Convenção de Paris e seu papel estratégico para a geração de negócios ambientais para o Brasil.

CAPÍTULO

# 8

# COMO A REGULAMENTAÇÃO DO ARTIGO 6º DO ACORDO DE PARIS E OS DESDOBRAMENTOS DA COP26 BENEFICIAM O SETOR PRIVADO E O MEIO AMBIENTE

Em dezembro de 2015, na COP21, a Conferência das Nações Unidas sobre as Mudanças Climáticas, foi assinado o Acordo de Paris. Países de todo o mundo se comprometeram, ali, a assegurar que o aquecimento global se mantenha abaixo de 2 ºC e prosseguir os esforços para que esse aumento não seja superior a 1,5 ºC em relação a níveis pré-industriais. A partir de então, muito ficou por ser feito...

Em novembro de 2021, estive na cidade de Glasgow, na Escócia, acompanhando reuniões paralelas à COP26. Durante as duas semanas do evento, delegações diplomáticas de todo o mundo negociaram o acordo sobre o clima, e me chamou a atenção o maciço comparecimento de empresas privadas. Concentrei minha participação em eventos paralelos, em que numerosos atores privados debateram os papéis e os desafios da iniciativa privada. Houve muito mais participação da iniciativa privada naquele ano do que em todas as outras conferências da ONU sobre o clima.

A despeito de eventuais opiniões contrárias, a COP26 trouxe avanços importantes para o Brasil como um todo. A postura de nossos representantes foi bastante construtiva e elogiada por diversas delegações. Assinamos um acordo com mais de 100 países para redução de 30% da emissão de metano até 2030, o que gerará pressão sobre a atividade agropecuária, principalmente na criação de gado bovino, mas deve ser ressaltado que outro grande emissor de metano é o lixo urbano, especialmente em aterros sanitários. Uma boa parte dessa emissão deverá ser reduzida por meio de melhorias em nosso processo de coleta e transformação de lixo em energia, com certeza com a participação expressiva da iniciativa privada. Conversei com Milton Pilão, CEO da Orizon, empresa especializada em valorização de resíduos para a qualidade ambiental urbana, e ele me disse que seu crédito de carbono é o mais valioso do mercado, porque as operações da companhia evitam o lançamento de metano na atmosfera por meio do processamento, valorização e transformação do lixo em energia em seus ecoparques.

No campo da agropecuária, muitas empresas já estão tomando iniciativas de gestão de *blockchain*; recentemente a JBS emitiu tíquetes que permitem debêntures com taxa indexada em rastreamento da cadeia. Curiosamente, em uma conversa com Grazielle Parenti, vice-presidente da BRF, eu soube que a empresa tem um software que faz um rastreamento da origem para validar a compra de *commodities*. A BRF não tem gado bovino, mas compra milho e soja, por exemplo, e rastreia toda a produção de seus fornecedores, de modo a garantir que não compre *commodities* que sejam fruto de desmatamento.

Entendo que o acordo para a redução de metano trará duas consequências positivas para o Brasil: a primeira é o incentivo para que a pecuária brasileira siga melhorando seus processos, sobretudo na criação bovina. A segunda consequência, ainda mais importante, é o incentivo para que o Brasil acabe com os lixões, grandes produtores de um tipo de metano ainda mais prejudicial à qualidade de vida humana do que o emitido pelo gado.

A iniciativa privada, na prática, é quem executará as metas prometidas pelos governos. Isso é uma coisa boa, porque o poder público entra com fiscalização e articulação, sempre dificultadas pela burocracia e entraves políticos. Mas, quando o governo coloca uma meta clara, a partir da qual surgirá uma regulamentação, a iniciativa privada já começa a se movimentar e a preparar seus profissionais para cumprir essa meta.

## RESULTADOS DA COP26

Além do acordo sobre o metano, há três pontos importantes a considerar. Dois indefinidos e um que representa uma vitória.

Primeiro, o item que trata da transferência de recursos dos países desenvolvidos para os países em desenvolvimento. Para o Brasil, era algo já previsto no Acordo de Paris, em torno de US$100 bilhões, que jamais foi realizado. O que veio foi um aporte de US$1 bilhão para o Fundo Amazônia. Nessa conferência de 2021, falou-se em dobrar o volume de recursos, com início de repasse em 2023 ou 2025, mas o que se sabe é que os recursos serão insuficientes, porque o que é necessário está na casa dos trilhões de dólares. Eu, particularmente, era muito cético a respeito da assinatura de um acordo nesse nível. Muitos participantes ficaram frustrados, porque esperavam tanto um aumento desse aporte de US$100 bilhões quanto maior clareza de quando essa transferência se dará. A decisão foi postergada, e até o momento de impressão deste livro, não havia consenso. Mas, para mim, a frustração nem foi tão grande, porque eu não acreditava que houvesse disposição real dos países desenvolvidos. E, além disso, se os recursos forem repassados de governos para governos, a decisão de como serão os critérios de investimento ficará sujeita a vontades políticas e burocracias.

O segundo ponto é que havia uma perspectiva de que se chegasse a um consenso global de que, em algum momento próximo de 2050, acabaria o uso de carvão como fonte de energia. A frustração é que Índia e China não aceitaram o acordo e pediram ajuste do texto, pretendendo documentar "redução" em vez de "abandono" do uso de carvão.

O terceiro ponto, que me parece muito relevante, e que na minha visão foi uma vitória, foi a regulamentação do artigo 6º do Acordo de Paris. Era algo muito esperado pelas empresas, que precisavam de parametrização para cumprirem suas metas ambientais, no contexto das boas práticas de ESG, e os fundos de investimento desejavam descarbonizar seus portfólios. Agora haverá parâmetros claros e critérios de como isso pode ser feito. Na minha opinião, essa regulamentação pode ter, para o meio ambiente, o mesmo impacto que o Plano Real para a economia do Brasil.

Define-se como os países podem negociar créditos de carbono uns com os outros, a fim de garantir reduções de emissões de gases de efeito estufa por meio da venda de créditos de emissões excedentes, caso já tenham cumprido seus compromissos. Esse mercado global de carbono, que hoje está na casa de US$1 bilhão, será capaz de gerar até US$50 bilhões ao ano, a partir de 2030. Até a COP26, poucas nações contavam com mercado regulado de carbono. No Brasil, como na grande maioria dos países, existe o mercado voluntário, que basicamente é composto por empresas que compensam emissões comprando créditos de quem for capaz de provar que está conseguindo retirar carbono da atmosfera. Os parâmetros aprovados, do artigo 6º, permitem que essas empresas comecem a fazer investimentos tanto no sentido de reduzir suas emissões quanto na compensação de suas emissões. E o Brasil terá, provavelmente, 20% desse mercado, de acordo com Plínio Ribeiro, cofundador e CEO da Biofílica, eleita por quatro vezes a melhor geradora de créditos de carbono do mundo pela Environmental Finance.[1]

## MINHAS PERCEPÇÕES DA COP26

Em meu último dia, assisti a uma palestra do Mark Campanale, fundador do Carbon Tracker, um *think tank* sem fins lucrativos sediado em Londres. A tese dele era a de que, a partir de agora, não se fizessem novos investimentos em energias não renováveis — petróleo, gás natural e carvão (que já têm, em ativos, US$134 trilhões) —, mas pondera que cortar radicalmente os investimentos de imediato resultaria em uma crise três vezes maior do que a crise imobiliária de 2008. Seria uma crise sem precedentes no mundo.

O alerta encaixa com outros *workshops* e apresentações que acompanhei. Um deles é de um fundo de investimento de Edimburgo que pretende descarbonizar 50% de seu portfólio de ações e títulos de dívida de empresas investidas, na base de 2019, até 2030, e zerar até 2050. Foi um discurso que ouvi de muitos investidores.[2] Todos dizem que poderiam vender tudo

---

[1] Há uma entrevista do Plínio Ribeiro disponível neste endereço: <https://www.capital-reset.com/pos-cop-brasil-pode-ter-mercado-voluntario-de-carbono-de-r-30-bi-diz-ceo-da-biofilica-ambipar/>.

[2] Um desses executivos foi Felipe Bittencourt, CEO na WayCarbon, que publicou um artigo bastante analítico sobre o impacto do artigo 6º no mercado de créditos de carbono. O artigo "Catalisando a mudança para a economia de baixo carbono" está disponível neste endereço: <https://www.linkedin.com/feed/update/urn:li:activity:6865707734617100288/>.

o que têm de ativos não renováveis e comprar ativos verdes, mas que essa atitude não ajudaria as empresas a transformar suas matrizes energéticas. A ideia geral é a de que os cotistas e gestores dos fundos pressionem as empresas a terem metas agressivas de redução de danos ambientais e gradativamente deixem de investir em empresas que não cumpram metas.

O conceito de transição não pode estar ligado somente às empresas e ao mercado consumidor. Pego o exemplo de um empresário que vende gasolina, mas incorpora etanol ao seu portfólio, buscando tecnologia para fazer a gasolina render mais. Na verdade, a transição serve também para evitar um choque financeiro de dimensões gigantescas.

Um representante que cuida da gestão dos fundos de investimento do Grupo Allianz no mundo inteiro disse que não espera nada de governos, e que tudo o que faz é para o mercado consumidor, por isso esperava clareza de critérios para agir com transparência, porque o dinheiro aplicado pertence a muitas pessoas. E recomendou, em sua conferência, bastante cuidado para fazer a transição.

Tudo caminha, portanto, para a valorização progressiva de ativos renováveis e para a decadência gradativa de valor dos ativos não renováveis. Se todos venderem ativos não renováveis agora, todo mundo quebra. O próprio mercado pretende fazer a transição de uma forma suave, com prazos.

A estratégia dos investidores e gestores de fundos é fazer as empresas irem se adaptando, acompanhar conforme novas tecnologias forem surgindo e trocando ações apenas das empresas que não evoluírem. Algumas empresas de petróleo abandonarão esse nicho e sobreviverão, transformando-se em empresas de energia. Outras acabarão. Sobreviverão aquelas que conseguirem fazer extração barata de petróleo ou gás. O petróleo continuará a existir, mas processos caros de extração ficarão inviáveis.

Percebo que essa transição apresenta não apenas o desafio para a redução da emissão de carbono, mas também há muito espaço para compensação, porque as empresas precisarão compensar. E agora, com a regulamentação, choverão projetos de créditos de carbono no Brasil. O que se espera é um fluxo de investimentos muito grande no Brasil, mas no setor privado. Não será um recurso transferido para o governo, que, por sua vez, teria que pensar em como utilizar, teria que seguir toda a burocracia que lhe é típica, licitar etc. Não. O dinheiro virá para a iniciativa privada, porque empresas do setor pecuário têm metas para bater, assim como as de petróleo e energia. Todas precisarão reduzir suas emissões e ao mesmo tempo compensar, fazendo projetos para isso. E o Brasil tem um carbono mais barato, por isso é de se supor que haverá grandes investimentos aqui.

Outra consideração necessária é a de que mais de 80% dos recursos privados para o combate a mudanças climáticas estão alocados em países desenvolvidos. Os gestores desse capital têm uma consciência muito clara de que, para atingir suas metas de descarbonização no nível global, esse dinheiro precisa ser investido em mercados emergentes, ainda que eventualmente os riscos sejam maiores. Quem está fazendo essas considerações não são os países emergentes, mas os próprios investidores, o que é muito favorável para o Brasil.

É importante ressaltar que muita gente do mercado acredita que, a despeito do que for feito em redução de carbono, dificilmente será alcançada a meta de baixar em 1,5 ºC a temperatura do planeta, acordado em Paris, que prevê a eliminação total de emissão de carbono até 2050. Por isso, já existe uma busca por investimentos em adaptação às "inevitáveis" mudanças climáticas. Esse recurso que está direcionado para o clima é uma parte importante para a mitigação de efeitos como as enchentes recentes no Canadá, na Alemanha e na Bélgica. Destina-se a desenvolver tecnologias — uma vez que as intempéries continuarão acontecendo — para se adaptar a elas.

Pensando em Brasil, uma das questões que me parece urgente é o abastecimento de água, por exemplo, porque a crise hídrica é uma das consequências que já estamos vivendo. Já se entendeu, mundialmente, que o carbono, apesar de ser o principal indicador, é absolutamente insuficiente. Ativos de biodiversidade serão cada vez mais valorizados. E não há como escapar: pensar em lugares onde existem biomas diferentes faz surgir imediatamente à cabeça a imagem do mapa do Brasil.

Tive oportunidade de participar de um painel especialmente interessante, que defende que, apesar de não ser a realidade dos países desenvolvidos, o social é o novo verde. Ou seja, o capital já enxerga uma correlação direta entre temas de natureza social e de natureza ambiental, sobretudo em países em desenvolvimento. Não basta cuidar do meio ambiente se não forem sanadas as necessidades de quem habita os biomas. Não é simplesmente trocar a fonte de energia, mas também reduzir o consumo e, assim, reduzir a emissão. Essa contingência não é apenas brasileira, mas de países emergentes como um todo.

O importante é que nunca se viu uma COP com tanta participação do setor privado.

Assim, para aqueles que acreditam que os governos devem resolver os problemas ambientais, houve enorme frustração com o acordo de Glasgow. Os países desenvolvidos ficaram de transferir algo como US$100 bilhões para os países em desenvolvimento. Entretanto, ainda há incertezas sobre como e quando esse dinheiro será transferido. Sabe-se apenas que é um recurso insuficiente, já que hoje a necessidade está na casa dos trilhões de dólares.

Aqueles, entretanto, que acreditam que a iniciativa privada resolverá os problemas ambientais estão menos pessimistas com o acordo. A partir de agora, a regulamentação do mercado de carbono por meio do artigo 6º derivará em parâmetros mais claros e definidos, tão desejados pelo mercado, para que empresas possam implementar suas metas de descarbonização. Em uma previsão conservadora, o Brasil deve alcançar até 2030, apenas no mercado de carbono, investimentos de cerca de US$6 bilhões ao ano. Dinheiro da iniciativa privada, nas mãos da iniciativa privada, para fazer investimentos em uma ordem de grandeza que jamais foi alcançada por qualquer governo. E tudo sob a ótica do privado, com a eficiência e a rapidez do privado.

A regulamentação do artigo 6º traz enorme segurança jurídica para a transparência na celebração de contratos, na transferência de recursos, nos critérios para aprovação e financiamento de projetos e nos parâmetros para compra e venda de créditos de carbono. E, mais que isso, dá tranquilidade ao mercado consumidor, que, afinal, é quem, na ponta, contribuirá para a redução de emissões. Da forma como o acordo foi estruturado, foi montado um arcabouço para que o Brasil desenvolva projetos que transformarão nossa realidade para um novo e melhor patamar social e ambiental.

A iniciativa privada — brasileira e internacional — está preocupada com o futuro do planeta e com as questões socioambientais correlatas ao meio ambiente. E a decisão de colocar mais recursos em países emergentes é música para os meus ouvidos. Além disso, falando de maneira pragmática, as empresas têm metas para cumprir e precisam atender aos seus *shareholders* e aos seus consumidores finais.

Confesso que saí otimista e vislumbro inúmeros investimentos privados em projetos socioambientais importantes no Brasil.

No próximo capítulo detalharemos o funcionamento do mercado de créditos de carbono e suas perspectivas no Brasil.

CAPÍTULO

9

# O MERCADO DE CRÉDITOS DE CARBONO PARA AS EMPRESAS BRASILEIRAS

Qualquer empresa e qualquer cidadão tem o que se chama de pegada de carbono. O café que alguém consome foi produzido em algum lugar, sofreu um processo de transformação, teve que ser transportado, e tudo isso deixou uma pegada de carbono. O aquecimento global tem correlação direta com os gases de efeito estufa. Portanto, quando se pensa em meio ambiente, um dos primeiros pontos que as empresas consideram para uma atuação direcionada à questão ambiental é como fazer para emitir menos gases e, assim, manter-se mais limpas, causando o menor impacto possível no meio ambiente. O passo inicial é mapear sua emissão, usando uma calculadora específica para esse fim. Em seguida, desenvolver ações para mitigar ou compensar sua emissão de carbono.

De maneira didática, podemos dizer que um crédito de carbono é a representação de uma tonelada de carbono que não foi emitida na atmosfera. É considerado um ativo pautado em um cálculo de redução de impactos ambientais, com o objetivo de diminuir a emissão do $CO_2$.

O conceito é razoavelmente antigo e foi desenvolvido em 1997, a partir do Protocolo de Kyoto, predecessor do Acordo de Paris (2015). Para um histórico, sugiro ao leitor consultar o blogue Modal Mais.[1]

Resolvi dedicar um capítulo ao mercado de carbono porque, do ponto de vista ambiental, é crescente o número de empresas que buscam limpar sua cadeia completa de operações (desde a produção e entrega até o reprocessamento e destinação final de resíduos e rejeitos resultantes do consumo de seus produtos), e um dos indicadores mais importantes é o crédito de carbono.

Existem perfis distintos de empresas em relação aos créditos de carbono: há aquelas que conseguem reduzir sua pegada de carbono, mas precisarão comprar uma quantidade de créditos para zerar seu impacto; há outras que constituem um estoque considerável de créditos de carbono, graças a terem uma atuação de negócios que beneficia diretamente o meio

---

[1] Neste endereço eletrônico:<https://www.modalmais.com.br/esg/credito-de-carbono-o-que-e-e-como-funciona>.

ambiente, como é o caso da indústria de papel e celulose e de companhias atuantes com qualidade ambiental urbana (exemplo: gestão e processamento de lixo), e irão vendê-los no mercado para quem precisa compensar suas emissões; e há um outro grupo que não consegue reduzir, mesmo que queira, sua emissão, como a indústria da aviação, a indústria do petróleo e as companhias de transporte marítimo — o que fazem, então, é buscar compensar, com a compra de créditos de carbono no mercado e com a realização de investimentos em projetos que, de alguma forma, tenham carbono negativo. Para essa compensação, existe o mercado regulado, também chamado de mercado de carbono voluntário. Alguns analistas financeiros dizem que será um mercado maior do que o da indústria de petróleo antes de 2050.[2] Conforme mencionado no último capítulo, sobre a COP26, acredito que esse mercado tende a crescer muito nos próximos anos.

## O FUNCIONAMENTO DESSE MERCADO NO BRASIL

Nosso mercado, nessa área, é incipiente e ainda muito pequeno, apesar de ter sido muito discutido nas décadas de 2000 e 2010. Pouca gente vendeu crédito de carbono, e uma das razões

---

[2] Dados obtidos em reportagem da revista *Época Negócios*, disponível em: <https://epocanegocios.globo.com/Um-So-Planeta/noticia/2021/07/mercado-de-credito-de-carbono-pode-chegar-us-100-bilhoes-por-ano-ate-2050.html>.

foi que os governos brasileiros ficaram preocupados com a duplicidade da contabilidade, e a solução que apresentaram foi a proibição da exportação de créditos de carbono.[3] A regra geral era obrigar as empresas a compensar o carbono onde emitiam. Da mesma forma, quem emitia carbono em outros países não podia compensar no Brasil. Ou seja, até a regulamentação do artigo 6, o crescimento se deu quase que exclusivamente em função do mercado voluntário.[4]

Esse mercado voluntário de carbono surgiu porque o Brasil não assumiu, em Kyoto, a meta de redução das emissões que o protocolo exigia. Por isso, em paralelo ao Protocolo de Kyoto, foram criadas as Reduções Voluntárias de Emissões (VERs, em inglês). Nesse mercado, qualquer empresa, pessoa, ONG ou governo pode gerar ou comprar créditos de carbono voluntários. São créditos também auditados por entidades independentes, mas que não ficam sujeitos a registros da ONU — e, por isso, não são contabilizados como meta de redução para os países que fazem parte do acordo internacional.[5]

---

[3] Tudo isso está regulado na Convenção de Paris e no REDD+, este que é um incentivo desenvolvido no âmbito da Convenção-Quadro das Nações Unidas sobre Mudança do Clima (UNFCCC) para recompensar financeiramente países em desenvolvimento por seus resultados de redução de emissões de gases de efeito estufa.

[4] Está em tramitação na Câmara dos Deputados um projeto de lei que regulamenta os principais pontos do novo mercado, como natureza jurídica, registro, certificação e contabilização dos créditos de carbono. Também fixa um prazo (cinco anos) para o governo regulamentar o programa nacional obrigatório de compensação de emissões de GEE. Mais informações em: <https://www.camara.leg.br/noticias/746463-projeto-regulamenta-mercado-de-negociacao-de-creditos-de-carbono/>.

[5] Informações disponíveis em: <https://www.sustainablecarbon.com/blog/mercado-voluntario-x-regula-a-diferenca-de-precos/>.

Desde a saída dos Estados Unidos da Convenção de Paris, no governo Trump, muitas companhias brasileiras passaram a se adiantar aos governos e, assim, promoveram o mercado voluntário, na busca de diminuir ou zerar suas emissões. O mercado se desenvolveu, e penso que houve uma explosão a partir da eleição de Joe Biden e o retorno dos Estados Unidos à Convenção de Paris — o valor do crédito de carbono foi multiplicado por sete. E acredito que continuará crescendo fortemente — é algo exponencial, cujo tamanho ainda não pode ser dimensionado.[6]

Existe o crédito certificado, auditado por empresas especializadas, que vale mais quanto mais novo for, ou seja, quanto mais atual é o projeto, mais valioso é o crédito de carbono gerado por ele. Ao ser protegida uma área, evitando-se seu desmatamento, imediatamente é registrado um valor. Quanto mais o tempo for passando, mais esse crédito vai diminuindo de valor.

No Brasil, há um movimento crescente de organizações que buscam se tornar mais verdes. Tal movimento é incentivado especialmente pelo Programa REDD (Redução de Emissões provenientes de Desmatamento e Degradação Florestal), com um sinal de +, que significa o acréscimo de biodiversidade, preservação do estoque de água, salvaguardas sociais etc.

---

[6] O jornal *O Globo* publicou reportagem em junho de 2021 demonstrando que o mercado de crédito de carbono avança no mundo, mas não no Brasil. Detalhes neste endereço eletrônico: <https://oglobo.globo.com/brasil/um-so-planeta/mercado-de-credito-de-carbono-avanca-no-mundo-mas-falta-regulacao-no-brasil-1-25047814>.

A Suzano Papel e Celulose,[7] por exemplo, criou uma diretoria específica para cuidar de créditos de carbono, porque tem carbono estocado — negativo —, em função de sua própria atividade. Isto é, o carbono que a empresa tem estocado, por causa de muitos alqueires de eucaliptos e pinheiros plantados, é muito maior do que a pegada de carbono que emite. O estoque de carbono vale bastante, e certamente a produção florestal estimula algum tipo de geração de renda local, mas, se a empresa tiver um impacto positivo na biodiversidade dessa cadeia e no incremento do IDH da sociedade, com certeza o crédito de carbono será ainda mais valioso.

A empresa Orizon Valorização de Resíduos tem, entre suas linhas de receitas, uma unidade inteira dedicada à comercialização de créditos de carbono. Tudo o que era descartado diariamente por 20 milhões de brasileiros ia para o lixão e ficava lá, liberando chorume e se transformando em gases de efeito estufa. Hoje, todo esse lixo chega para a empresa e recebe uma destinação, parte sendo transformada em energia e outra parte, reciclada. Evitando que esses gases sigam para a camada de ozônio, a companhia gera créditos de carbono e ainda contribui com a saúde da população local, gera renda para pessoas que trabalham na coleta seletiva e trabalha com projetos educacionais. A Orizon evita, ainda, que 2,1 milhões de toneladas de gás carbônico sejam lançadas na atmosfera — o que representa um

---

[7] Para saber mais sobre a visão e as práticas da empresa sobre créditos de carbono e ESG, acesse: <https://www.capitalreset.com/entrevista-como-a-suzano-se-prepara-para-tirar-lugar-de-plasticos-e-tecidos-fosseis/>.

benefício equivalente à plantação de quase 20 milhões de árvores ou à retirada de 1 milhão de carros das ruas anualmente.[8]

O conceito dos créditos de carbono, como vimos, abraça complexidades, porque a redução de emissões pode e deve envolver outras questões socioambientais importantes.

## QUAIS OPORTUNIDADES ELE OFERECE ÀS EMPRESAS?

Afirmo que 99% das empresas brasileiras ainda não enxergaram as oportunidades do mercado de créditos de carbono. Elas precisam entender o custo para se tornarem neutras, aprendendo primeiro como podem conseguir reduzir sozinhas suas emissões e, depois, como compram, e de quem, os créditos e que qualidade esperar deles. Essa qualidade é elevada quando, em vez de apenas plantarem árvores, as empresas preservam a biodiversidade, reciclam o lixo para aumentar a saúde das comunidades e encaram outros desafios que começam a aparecer para obter créditos melhores do ponto de vista socioambiental. E, assim, garantem vantagem competitiva, tanto no mercado consumidor em relação aos concorrentes quanto em sua busca de créditos.

São oportunidades que podem produzir resultados financeiros. Foi o que concluiu um recente encontro virtual

---

[8] Mais informações em: <https://ri.orizonvr.com.br/a-orizon/areas-de-atuacao/>.

promovido em março de 2021 pelo jornal *Folha de S.Paulo*.[9] Durante o encontro, Paulo Hartung, presidente-executivo da Indústria Brasileira de Árvores e ex-governador do Espírito Santo, afirmou que existem "aproximadamente 50 milhões de hectares de terras degradadas no nosso país sendo utilizadas por atividades econômicas muito rudimentares. Temos um enorme potencial nas nossas mãos". Ou seja, são milhões de hectares de terras que podem receber investimentos da iniciativa privada para sua recuperação ambiental e apresentam um potencial fantástico de geração de créditos de carbono.

E não é só isso. Embora o Brasil conte, segundo estimativas do MMA, com 560 milhões de hectares de área com vegetação nativa (66% do território total do país), portanto, com um imenso potencial para gerar créditos de carbono em ações de reflorestamento e contenção da degradação ambiental, o mercado brasileiro de redução de emissões ainda não foi regulamentado. Estamos na contramão de cerca de 40 países, a maioria deles na Europa, que já têm legislação específica determinando a taxação de atividades empresariais por emissão de $CO_2$. Essa regulamentação tem o objetivo de ajudar a minimizar a crise climática causada pelo aquecimento global — com a

---

[9] Informações em: <https://www1.folha.uol.com.br/seminariosfolha/2021/03/mercado-de-credito-de-carbono-cria-oportunidades-financeiras.shtml>.

consequente escassez de água —, e ao mesmo tempo alavancar negócios de baixo carbono.[10]

Em suma, quando o mundo for neutro em carbono, ele deixará de ser importante, e ganharão destaque a gestão e os cuidados com a água, a biodiversidade, as salvaguardas sociais etc. Eis a grande oportunidade de empresários, executivos e suas empresas desenvolverem projetos que sejam mais efetivos e que tragam mais do que apenas a redução da emissão e a negociação de créditos de carbono.

## COMO ESTÁ ESSE MERCADO HOJE? QUAIS SUAS PERSPECTIVAS PARA OS PRÓXIMOS ANOS?

Temos um indicador importante de que tanto no mercado que podemos chamar de florestal quanto no mercado da qualidade ambiental urbana, o crescimento do interesse por créditos de carbono é visível, e a tendência é de que a negociação de créditos de carbono apresente resultados consistentes. Isso porque a pressão da sociedade em prol da preservação ambiental e da redução de emissões aumenta gradativamente em cima das empresas e dos governos municipais, estaduais e federal. Quem tem sobra de carbono pode vender, e quem não consegue reduzir emissões pode comprar para se tornar neutro em emissão

---

[10] Mais informações em: <https://forbes.com.br/brand-voice/2021/06/o-mercado-de-carbono-como-ferramenta-para-o-combate-as-mudancas-climaticas/>.

de carbono. Especialistas garantem que esse é um mercado que pode impulsionar, pelas vantagens econômicas, a redução de gases de efeito estufa.[11]

Tome-se o exemplo do RenovaBio, de 2017, sobre o papel dos biocombustíveis, como o etanol, para que o Brasil pudesse cumprir compromissos do Acordo de Paris. Em função das metas de descarbonização, a certificação de produção de biocombustíveis gera crédito de descarbonização (CBIO). Desde 2020, esse mercado já movimentou mais de US$250 milhões, com o preço oscilando entre US$3 e US$12 por tonelada. E a tendência é aumentar.[12]

Do ponto de vista da estratégia das empresas, o mercado de créditos de carbono não é só um mercado de compra e venda de carbono, mas um mercado que estimula o impacto positivo, por indicadores que vão além do carbono. Antes de comprar, a empresa tratará de reduzir suas emissões, envolvendo fornecedores, colaboradores e até seus clientes, para reduzir a pegada de carbono. Depois, comprará, mas priorizando o carbono que vem acrescido de biodiversidade, cuidado com a água, geração de emprego, saúde.

---

[11] Mais informações em: <https://www.udop.com.br/noticia/2021/07/22/mercado-de-credito-de-carbono-avanca-no-mundo-e-brasil-pode-ganhar-com-isso.html>.

[12] Informações disponíveis em: <https://www.sugarcane.org/wp-content/uploads/2021/09/Folheto_02_CBIO.pdf>.

O mundo está caminhando para ser neutro em carbono. Até a China, a maior emissora mundial de gases de efeito estufa, com cerca de 75% de sua matriz energética baseada no carbono (mais de 50% em carvão), prometeu neutralizar suas emissões até 2060. A forma será a compensação, porque não conseguirá zerar nesse prazo. São duas variáveis, portanto. Quando a empresa ou o país se torna neutro, em um determinado prazo, avança para além do crédito de carbono, pois as práticas de redução de emissões levam naturalmente a uma maior conscientização e ao desenvolvimento de novas soluções socioambientais. E uma ótima notícia: o setor privado está compreendendo as oportunidades de realizar a redução de emissões com o *feedback* extremamente positivo de diferentes *stakeholders*, desde clientes que se tornam cada vez mais fiéis às marcas e aos produtos das empresas comprometidas até instituições financeiras que estão disponibilizando financiamentos com taxas de juros mais baixas para elas.

*Quando a empresa ou o país se torna neutro, em um determinado prazo, avança para além do crédito de carbono, pois as práticas de redução de emissões levam naturalmente a uma maior conscientização e ao desenvolvimento de novas soluções socioambientais.*

Os homens de negócios e suas empresas que estiverem atentos às pautas sociais e às questões socioambientais de suas regiões podem vislumbrar projetos de qualidade no carbono e em tudo o que ultrapassa a simples compensação. Eles poderão oferecer projetos para o mercado, impactar positivamente a sociedade local e, ainda, ganhar dinheiro.

## COMO AS EMPRESAS PODEM ACESSAR O MERCADO DE CRÉDITOS DE CARBONO

As empresas que tiverem interesse em adquirir créditos de carbono devem, em primeiro lugar, evitar fazer qualquer coisa que não tenha sinergia com suas próprias reduções. Há várias empresas técnicas de consultoria no mercado que podem ajudar a medir a pegada de carbono. A partir daí, deve-se estabelecer metas e colocar as ações de redução de emissão como prioridade. São iniciativas integradas, ou seja, ao mesmo tempo em que a empresa trabalha para reduzir a emissão, já pode ir promovendo a compensação pela via da compra de crédito de carbono — e as mesmas consultorias podem orientar sobre como fazer a aquisição ou a venda de créditos.

Organizações podem, inclusive, construir projetos em conjunto com essas consultorias e, assim, financiar ações mais estruturantes, em vez de apenas comprar créditos de carbono.

Quando uma empresa decide ir ao mercado, sua primeira iniciativa é calcular; a segunda é reduzir, com metas de longo prazo; a terceira é comprar — mas escolhendo créditos de boa qualidade. Tudo isso deve ser acoplado ao planejamento estratégico da organização, com todos os departamentos envolvidos e motivados. O importante, na minha visão, é que as empresas não entendam esse mercado apenas como comercialização de uma *commodity*. Portanto, não devem se ater ao carbono como único indicador, como já dissemos. A sustentabilidade não deve ser tratada como tema secundário. Dentro da organização, é fundamental ocorrerem mudanças importantes na visão dos gestores para contemplar essa agenda. É uma recomendação, inclusive, das melhores empresas de consultoria na área da economia de baixo carbono.

O processo é semelhante para as empresas que têm estoque de carbono. O primeiro passo é, por meio de consultorias especializadas, medir de quanto de carbono dispõem para vender. O segundo passo é, depois de certificados seus estoques de acordo com padrões internacionais, decidirem até que ponto vale a pena agregar valor — se venderão apenas um carbono de baixo valor agregado ou se comercializarão um carbono mais qualificado. O terceiro passo é aprender como agregar valor aos créditos que têm, porque inúmeras ações podem tornar o carbono mais valioso.

As organizações precisam fazer o melhor possível para o meio ambiente. O carbono é um indicador para isso, repito, mas apenas um deles.

No próximo capítulo, veremos que o combate ao desmatamento pode ser um bom negócio para a iniciativa privada.

CAPÍTULO

10

# O COMBATE AO DESMATAMENTO PODE SER BOM NEGÓCIO PARA A INICIATIVA PRIVADA

O desmatamento costuma ser visto no Brasil como um problema de Estado e geralmente vinculado à Amazônia. Se reuníssemos todas as notícias sobre desmatamento em todos os outros biomas nacionais, eu apostaria que o resultado seria numericamente muito inferior às notícias sobre desmatamento restrito à Amazônia.

Historicamente, desde os bandeirantes até algumas décadas atrás, o desmatamento existia em função do desenvolvimento econômico para a agropecuária, mineração, atividade madeireira ou urbanização. Resultava de um movimento de integração regional. Mais recentemente, há uma percepção cada vez maior de que o desenvolvimento econômico não é necessariamente antagônico à preservação ambiental. Atualmente, ao contrário, é possível ver correlação entre a falta de atividade econômica formal e os índices de desmatamento. Neste capítulo, mostrarei que atuar na contenção do desmatamento pode ser uma oportunidade de negócios interessante para o setor privado.

##  A ATIVIDADE ECONÔMICA FREIA O DESMATAMENTO

Temos, no Brasil, um Código Florestal avançado, com uma legislação que equilibra bem a preservação e o desenvolvimento econômico. Na opinião dos especialistas, ele resultou da pluralidade da sociedade brasileira — ambientalistas, produtores rurais, políticos —, acomodando e harmonizando as visões antagônicas em relação ao meio ambiente e ao desenvolvimento. Porém, na prática, as leis carecem de uma efetiva aplicação e fiscalização, embora o mecanismo do Cadastro Ambiental Rural (CAR) tenha contribuído para reduzir o desmatamento e incentivar o aproveitamento econômico das áreas com propriedade definida.

O desmatamento ilegal é fortemente atribuído à falta de presença do Estado, mas se fala, muito aquém do que se deveria, da falta de apropriação pela comunidade local e, sobretudo, de ausência de atividade econômica formal — estas, sim, são cruciais para se conter o desmate. A supressão de vegetação ocorre, costumeiramente, em regiões com IDH mais baixo. Vê-se que há uma ausência endêmica da iniciativa privada nas políticas ambientais.

Quando foi proposto o Plano de Ação para Prevenção e Controle do Desmatamento na Amazônia Legal (PPCDAm), em 2007, consideravam-se algumas variáveis que começavam com a vigilância por meio de sistemas. O fator que mais gerou a queda do desmatamento na Amazônia foi, na minha análise, efeito imediato do CAR. Na medida em que existe alguém responsável por uma determinada área, a queda de desmatamento é a tendência, especialmente nas localidades que sofrem grande pressão por desmatamento. A partir daí, estavam previstos mecanismos de desenvolvimento da região com a indução de atividade econômica. E isso não é claro apenas na Amazônia, mas em outros biomas, como aqueles sob os cuidados da Fundação Florestal de São Paulo.

Comando e controle são importantes e podem ser conduzidos pelos guarda-parques, pelo Exército e Polícia Florestal, mas têm importância fundamental a educação ambiental e a geração de atividade econômica. Quero citar o exemplo do assentamento agroambiental de Guapiruvu, município de Sete Barras, estado de São Paulo, no Vale do Ribeira, vizinho ao Parque Estadual Intervales. No assentamento, há várias pessoas que já foram palmiteiros ou garimpeiros e que hoje, com a posse da terra e a realização da atividade agrícola formal no local, trabalham e vivem bem.[1] Ex-palmiteiros são hoje ficais da floresta. Reforço que o desmatamento existe em maior escala onde não há fiscalização nem alternativas de geração de renda.

Estamos falando de agricultura, mas há uma demanda pelo controle da cadeia pecuária também, que deve ser implantada nos próximos anos. Os compradores internacionais da carne brasileira estão exigindo que o boi, nas nossas fazendas, seja rastreado, e os próprios pecuaristas brasileiros estão se antecipando e providenciando isso, para mostrar que a produção não gera desmatamento.

*O que vemos é uma responsabilização enorme do Governo Federal, que realmente precisa ser responsabilizado até certo ponto, mas não pode ser cobrado por iniciativas que devem caber aos estados e municípios.*

O papel do Governo Federal, dos estaduais e dos municipais no combate ao desmatamento deveria ser bastante diferente do que é hoje. O que vemos é uma responsabilização enorme do Governo Federal, que realmente precisa ser responsabilizado até certo ponto, mas não pode ser cobrado por iniciativas que devem caber aos estados e municípios. Já mencionei que, em determinado

---

[1] Informações constantes da dissertação de mestrado de Carina Inserra Bernini, disponível em: <https://teses.usp.br/teses/disponiveis/8/8136/tde-02022010-151735/pt-br.php>.

estado, o Ibama foi solicitado a licenciar um posto de gasolina. Isso é insustentável. O Ibama tem que licenciar grandes empreendimentos e eventualmente dar diretrizes para os estados. O mesmo se dá com a fiscalização. O Ibama não pode fiscalizar todos os pontos da Amazônia. Cada estado tem que ter um batalhão de Polícia Ambiental, inclusive para lavrar a multa e se favorecer com a arrecadação.

Na minha visão, o ideal é haver uma descentralização de ação e de cobrança, em uma corresponsabilização de estados e municípios. Quanto à União, deveria ter uma força de inteligência maior, unindo Ibama, Polícia Federal e Exército, auxiliando os estados e municípios a atuar em locais onde há pressão mais alta de desmatamento ou a se capacitarem para ter polícias ambientais eficientes. É o mais indicado, do ponto de vista de lógica federativa. E cabe também aos governos federal, estaduais e municipais concentrar-se na criação e ampliação de novos e atuais incentivos, programas e iniciativas de parceria público-privada, tudo isso amparados por adequada segurança jurídica, para que o setor privado invista no desenvolvimento de atividades econômicas que envolvam as comunidades locais em diferentes biomas.

Nas concessões de uso público, por exemplo, a empresa vencedora de uma licitação não é responsável pelo monitoramento da unidade de conservação. Mas há casos em que a empresa ganha a concorrência de uso público e algumas contrapartidas previstas envolvem a compra de veículos e instrumentos para brigadistas, a criação de programas de educação ambiental voltados à preservação e outras iniciativas, as quais contribuirão para o monitoramento da área concedida. E haverá outros casos em que, quando uma empresa assume a concessão de uma área de uso público, funcionários da unidade de conservação (do ICMBio ou outro órgão ambiental responsável) ficam liberados para se concentrar nas questões de desmatamento e na fiscalização de outros crimes ambientais. Mas, em qualquer concessão, a empresa sempre vai querer ajudar, porque os problemas ambientais impactarão os negócios dela. Se é uma concessão, por exemplo, que explora o ecoturismo, não é interessante para a concessionária que haja desmatamento e outros crimes ambientais na unidade de conservação, porque isso afugentará os turistas, prejudicando os negócios, ou seja, a empresa fará tudo o que puder para contribuir com a preservação da área. Não tenho dúvidas de que as concessões de unidades de conservação contribuirão para a redução do desmatamento. E não só isso, mas também o pagamento por serviços ambientais, compensação de créditos de carbono, preservação de água, biodiversidade, salvaguardas sociais e várias outras coisas em conjunto.

## DO PPCDAM AO FLORESTA+

Ao cruzar os dados de desmatamento no Brasil, que tiveram um pico no início do milênio, de 2004 a 2012 caíram e depois voltaram a subir, o que percebemos é que, quando foi formulado o Plano Plurianual, incentivou-se que os estados fizessem o

Cadastro Ambiental Rural (CAR). O aumento de CARs tem relação direta com a diminuição do nível de desmatamento. O que falhou, na minha visão, foi que, a partir desse cadastro, o dono da área ficou responsável pela sua preservação e controle, sendo também responsabilizado se houver desmatamento nela. Por isso, é necessário ser ágil, porque ele precisa obter o licenciamento para que possa desmatar 20% da área, já que a lei manda preservar 80%. Se desmatar antes de obter o licenciamento, está caindo na situação de desmatamento irregular. Não é ilegal, mas irregular. E o caso é que a atividade formal nos 20% da área precisa estar em harmonia com os termos da autorização do órgão ambiental, sob pena de o desmatamento crescer.

Em suma, o CAR é um mecanismo de transparência que permite melhor controle, mas tem sido apenas parte da solução, uma vez que nem sempre se evoluiu para a implantação de atividade econômica formal e autorizada. Essa foi a principal razão para o desmatamento ter voltado a crescer.

Nos últimos anos, o Governo Federal tem investido no Programa Floresta+. Em diversos eixos, percebe-se a criação de um arcabouço jurídico capaz de remunerar quem de fato cuida da floresta e da biodiversidade. A tendência é haver uma inclusão do setor privado nos próximos anos, por meio de um alinhamento de interesses entre a preservação ambiental e a lucratividade. Acredito muito nessa linha de pensamento.

# EVITAR O DESMATAMENTO DÁ LUCRO

Há variadas formas de uma empresa ser beneficiada e ganhar dinheiro combatendo o desmatamento. Uma iniciativa do MMA, por exemplo, de criar junto ao IBGE a atividade econômica de conservação florestal,[2] teve um imenso impacto positivo para a preservação do meio ambiente:

> [...] *o Ministério do Meio Ambiente (MMA) concluiu o cadastro da conservação da vegetação nativa na Classificação Nacional de Atividades Econômicas (CNAE). A inclusão, realizada junto ao Instituto Brasileiro de Geografia e Estatística (IBGE), possibilita a emissão de nota fiscal para as atividades de conservação de floresta nativa, impulsionando o pagamento por serviços ambientais no Brasil.*
>
> *Com o objetivo de gerar alternativa de renda e emprego para quem efetivamente protege a floresta, a ação vai ao encontro do programa Floresta+, criado para estruturar um mercado de serviços ambientais. Na prática, a proposta é estimular um ambiente de negócios favorável ao empreendedorismo, para que um pagador remunere quem protege a floresta nativa de maneira efetiva e duradoura.*

As atividades que uma empresa realiza em prol da preservação do meio ambiente devem ser descritas em seu relatório de sustentabilidade e impactarão seu custo de capital, proporcionando maior facilidade para obtenção de linhas de crédito

---

[2] Informações disponíveis em: <https://www.gov.br/mma/pt-br/assuntos/noticias/governo-federal-formaliza-conservacao-de-floresta-nativa-como-atividade-economica>.

com taxas de juros menores, assim como potenciais emissões de debêntures a taxas de juros menores. Se ela fizer o bem para o meio ambiente, isso repercute também na competitividade de suas vendas, pois terá a preferência dos departamentos de compras das companhias que são clientes de seus produtos e serviços. Há uma pressão crescente de consumidores, sociedade e opinião pública para que as grandes empresas limpem sua cadeia de fornecimento. Mesmo com o defeito de não contar com métricas adequadas, todo serviço ambiental prestado — em qualquer bioma — pode ser contabilizado por alguém e ter valor de mercado para alguém.

Onde estão as oportunidades de negócio?

Na tecnologia, por exemplo. Empresas que conseguem monitorar serviços ambientais, como o desmatamento que era previsto e que foi evitado, com base em indicadores de reflorestamento e biodiversidade, podem operar numerosos *businesses* a partir de suas competências.

Em serviços, por exemplo. Várias empresas precisarão de soluções para evitar o desmatamento: brigadistas, guarda-parques, equipes de preservação de faixas com alto índice de desmatamento. Será necessário apoiar uma unidade no meio da floresta amazônica, mesmo que seja imensa, com milhões de hectares, mas não sofre pressão de desmatamento e gera quase nada de crédito de carbono. Entretanto, preservar outra unidade com apenas 10 mil hectares, mas com uma pressão enorme de desmatamento, dará bem mais créditos de carbono, porque atrás dela haverá outros milhares de hectares que deixarão de ser desmatados e porque existe essa barreira de preservação.

A pessoa que preserva é a pessoa que vive ou é proprietário da localidade, ou seja, o índio, o extrativista, o agricultor.

Quem paga pelo crédito de carbono é, por exemplo, a empresa aérea, a empresa de petróleo e a de energia, ou seja, todas aquelas que produziram emissões e não conseguiram compensar. Ou empresas que colocaram como meta evitar o desmatamento de uma quantidade de hectares.

Existem, portanto, empresas que pagam e existem companhias prestadoras de serviços. No meio, entre essas duas pontas, há um amplo mercado, que é a conexão entre o serviço ambiental prestado e o conjunto das corporações que se beneficia chamando para si a responsabilidade da preservação, inserindo-a em sua cadeia de suprimentos.

Há demanda para tudo dentro desse ambiente de negócios: tecnologias voltadas a monitoramento, educação ambiental, replantio em áreas de nascentes e margens de rios e muito mais. Da concepção à execução de diferentes serviços de combate ao desmatamento, há a oportunidade muito interessante para que alguém possa capitalizar seu impacto positivo no meio ambiente no mercado real. Porque o consumidor consciente não quer um produto de uma empresa cujos métodos de produção e cadeia de fornecedores de insumos e matéria-prima prejudiquem os biomas e está disposto a pagar um prêmio para comprar de organizações que têm um trabalho melhor de preservação de biodiversidade. E é um mercado que está sendo concebido agora. Está em curso um programa do Sebrae para ajudar a formar empreendedores que possam trabalhar na ponta para prestação de serviços ambientais e para fazer a conexão entre o serviço ambiental e o mercado ambiental.³

A preservação florestal passou a ser atividade econômica e ela envolve uma cadeia com possibilidades de atuação em frentes diversas. Estamos falando de muitos serviços que podem ser contratados por grandes empresas, com indicadores que podem ser distintos: flora, água, polinização de abelhas ou população de onças, por exemplo. E que, na prática, compõem a variável da redução do desmatamento.

Tenho notícias de muita gente entrando no mercado de pagamentos por serviços ambientais, de modo bastante intenso.

*[...] o consumidor consciente não quer um produto de uma empresa cujos métodos de produção e cadeia de fornecedores de insumos e matéria-prima prejudiquem os biomas e está disposto a pagar um prêmio para comprar de organizações que têm um trabalho melhor de preservação de biodiversidade.*

---

³ Trata-se do Programa Empreendedorismo Sustentável. Mais informações em: <https://www.sebrae.com.br/sites/PortalSebrae/empreendedorismofeminino/artigoempreededorismofeminino/empreendedorismo-sustentavel,07a4a6bfdfad-7710VgnVCM100000d701210aRCRD>.

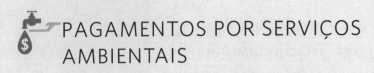

# PAGAMENTOS POR SERVIÇOS AMBIENTAIS

Monitoramento, vigilância, combate a incêndio, pesquisa, plantio de árvores, atividade agroflorestal, inventário ambiental, fornecimento de água, crédito de carbono, conservação da biodiversidade, observação de fauna, proteção do solo, regulação do clima: há um mercado que está comprando tudo isso que vem de unidades de conservação, reservas legais, excedentes de reservas legais, áreas de preservação permanente.

Quando uma empresa quer compensar a emissão de carbono, precisa contratar alguém que ofereça o serviço ambiental, de acordo com o indicador de seu interesse, que pode ser contenção de desmatamento. Ela quer comprar serviços simplesmente porque precisa realizar compensação ambiental por conta do impacto de suas operações ou porque deseja ir além do que a legislação exige e quer efetivamente ajudar a cuidar do meio ambiente e deter o desmatamento. Certamente, é uma questão de competitividade para a empresa.

Já existem instituições privadas, no Brasil, que oferecem esses serviços, como projetos de crédito de carbono. Também existem serviços de auditoria para validar os créditos e agências certificadoras. A intermediação normalmente é feita por consultorias especializadas. Ressalto que esse mercado está sendo multiplicado rapidamente, e não haverá créditos de carbono para todos e nem serviço ambiental suficiente para todo mundo que demanda.

O pagamento por serviços ambientais geralmente está ligado à geração de créditos de carbono. A Shell paga para uma empresa que tem projetos de crédito de carbono, e essa empresa cuida de uma reserva extrativista em Rondônia. Exemplos como esse serão multiplicados e passarão a levar em conta outros critérios que não apenas o carbono. A empresa ISA CTEEP está conduzindo um programa pioneiro, chamado Conexão Jaguar, para preservar os *habitats* de onça pintada em toda a América do Sul.[4] O programa implica geração de crédito de carbono por meio do Instituto Homem Pantaneiro,[5] mas certamente o crédito de carbono não deve ser o único indicador para a empresa. Para proteger as onças (que estão no topo da cadeia alimentar), ações como a contenção de desmatamento e a educação ambiental para mitigar a caça são extremamente relevantes. Assim, entendo que há que se medir indicadores muito além do carbono gerado pela contenção de desmatamento, como o ganho em biodiversidade e o impacto social positivo. Outro exemplo marcante (ainda que com pouca correlação ao desmatamento) é a baleia, que tem uma enorme biodiversidade por trás e gera um estoque de carbono gigantesco — e que até hoje não está precificado.

O que mais se vê no mercado é a lógica do carbono, mas o escopo da biodiversidade em que o carbono está inserido é imenso. Uma empresa de papel e celulose, com hectares e hectares de

---

[4] Mais informações em: <http://www.isacteep.com.br/pt/sustentabilidade/conexao-jaguar>.

[5] Consultar: <https://www.institutohomempantaneiro.org.br/>.

árvores plantadas, tem carbono negativo, e, por mais que emita $CO_2$ na sua produção, seu estoque de carbono será sempre superior ao poluente que emite. Mas, por trás das árvores, há também uma biodiversidade, em fauna, flora, lençóis freáticos etc. E sabemos que esse mercado está em transição, porque tudo indica que em 2050 ou 2060 o mundo será neutro em carbono. O que não implica que outros impactos não existirão e que não haverá valor para outras variáveis de biodiversidade.

Um artigo de Martha Funke no jornal *Valor Econômico*[6] traz uma série de exemplos de empresas que perseguem o carbono neutro.

É possível cessar o desmatamento ilegal em futuro próximo. Pensemos assim: se eu desmatei 10 hectares e regenerei 10 hectares, meu desmatamento foi 10, mas meu resultado de desmatamento é zero. Claro que deve ser considerada a qualidade da regeneração, mas é preciso colocar na conta do desmatamento se ele é legal ou ilegal, e se é regular ou irregular. E uma coisa importante é agilizar a regularização da supressão de vegetação, do contrário, se desincentivará a pessoa que quer fazer a coisa certa. O processo demorado em uma situação irregular é o caminho mais direto para que o resultado seja ruim para o meio ambiente.

Estou certo de que a chegada da iniciativa privada é que fará com que alcancemos o desmatamento zero. Porque, muito

---

[6] Artigo disponível em: <https://valor.globo.com/publicacoes/suplementos/noticia/2021/08/31/grandes-industrias-perseguem-carbono-neutro.ghtml>.

em breve, será mais negócio preservar do que desmatar. Incentivo econômico, tecnologia crescente, monitoramento crescente, integração crescente da cadeia produtiva, e, por outro lado, penalização maior para quem não se adequar aos parâmetros de sustentabilidade.

## REGULARIZAÇÃO FUNDIÁRIA E REDUÇÃO DO DESMATAMENTO

Considero a regularização fundiária de grande importância para a contenção do desmatamento. Uma pessoa tem uma terra que foi convertida em uma unidade de conservação. Essa pessoa desenvolvia uma atividade econômica no local, como a criação de gado, mas, depois da criação da unidade de conservação, essa atividade deixou de ser legítima, por causa do plano de manejo, e passou a ser totalmente proibida ou muito restrita. Suponhamos que a área se tornou uma reserva extrativista. O antigo proprietário pode trabalhar com extrativismo, mas terá que abandonar a pecuária.

Nesse exemplo, se o governo transformou a área em unidade de conservação, deve indenizar o proprietário pela terra. Mas, em muitos casos, o governo não providenciou a indenização, a área está irregular, do ponto de vista fundiário, e o antigo proprietário não pode parar de produzir porque o Estado mandou. Essa pessoa, em vez de ser aliada da unidade de conservação, possivelmente passou a ser inimiga.

Uma empresa que queira fazer compensação ambiental pode comprar essas terras e doá-las para quem faz a gestão dessa unidade de conservação. O impacto positivo é grande, porque a empresa mitigou um conflito social e econômico e porque trouxe uma lógica de mercado para uma relação que estava desequilibrada. O mercado é muito grande, e muitos proprietários de áreas tiveram irregularidades anteriores ao Código Florestal e precisam fazer a compensação no mesmo bioma.

A questão é que, na hora que ocorre a regularização fundiária, a terra passa a ter dono, e muito do passivo ambiental no Brasil se deve ao fato de as terras não terem formalmente um dono. Uma pessoa tem a posse, outra afirma ter a posse também, então está criado o conflito. Várias razões fazem com que a regularização não seja feita pelo governo. Às vezes o dinheiro foi provisionado, portanto, o recurso existe, mas ninguém sabe formalmente de quem é a terra.

A regularização fundiária vale para o desmatamento, mas vale também para as questões urbanas. Lembro-me de que o Banco Mundial fez, há cerca de vinte anos, um projeto-piloto em Osasco, no qual simplesmente regularizou as propriedades de uma favela em nome da mulher de cada família — e os barracos foram transformados em casas, porque as proprietárias cuidavam, agora, do que era delas. Tinham, agora, segurança jurídica e, com isso, condições para financiamento, tendo, portanto, estrutura financeira para cuidar daquele bem. O mesmo conceito é aplicável a terras devolutas, griladas ou em disputa na justiça. Em uma terra em disputa, onde só existe um posseiro que não tem ideia de quanto tempo essa posse durará, que incentivo econômico esse posseiro tem para preservar o local?

Portanto, a regularização fundiária é importante em todos os aspectos. Existe uma demanda enorme. Mas ocorre um dilema muito parecido com o Programa de Recuperação Fiscal do Governo Federal (Refis): os devedores de impostos recebem um grande desconto ou parcelamento da dívida, que o governo promove de tempos em tempos para arrecadar pelo menos parte do que considerava perdido e, ao mesmo tempo, regularizar a situação desses devedores. Assim, sempre que o governo lança um Refis, ele traz para a realidade diversos empresários que jamais pagariam seus impostos se não houvesse uma condição extraordinária de desconto ou de parcelamento — o que é muito bom. Mas, por outro lado, sempre que há um novo Refis, há um incentivo para que empresários posterguem seu pagamento de impostos e aguardem por uma oportunidade melhor. Ou seja, há um dilema, e é preciso uma boa calibragem do governo para encontrar a melhor dose do remédio em função do interesse público.

Há posições contrárias sobre a questão fundiária. Tem gente que acha que, ao dar a posse para um posseiro ou grileiro, por exemplo, o governo (ou o empresário que comprar as terras e doar) desincentivará a punição de um crime cometido décadas antes. Em contrapartida, lembro que governança pressupõe responsabilização, e é isso que a regularização fundiária oferece. Por isso, penso que a doação fundiária é um mecanismo importantíssimo para o combate ao desmatamento. E, dada a transformação que estamos vivendo, depois do Código Florestal, penso que é fundamental que se promova, o máximo possível, a regularização. Precisamos compatibilizar o instrumento jurídico com a realidade local. Há efeitos colaterais, sim. É difícil, é tema polêmico. Mas é uma importante demanda socioambiental e um mercado relevante, com muitas oportunidades para o setor privado.

É um mercado ainda muito nas mãos de advogados, mas que pode ser desenvolvido por estrategistas, por quem faz planejamento ambiental, para ajudar cada empresa a fazer o melhor para si. Isso está em uma correlação direta com serviços ambientais.

## BIOECONOMIA E CONTENÇÃO DE DESMATAMENTO

Falemos agora de economia da biodiversidade, uma agenda que apenas recentemente começou a despertar atenção: a floresta vale mais em pé do que deitada. Para isso, é preciso ter uma atividade econômica que remunere essa floresta em pé mais do que se ela estiver derrubada. Considera-se, pois, o que existe de biodiversidade e como agregar valor a isso. Algumas coisas já estão sendo exploradas na floresta, como o guaraná, açaí e castanhas. Mas há duas circunstâncias relevantes para que se produza em escala. A primeira delas é produzir no local, transformando o local com geração de emprego, imposto e renda, como pode acontecer, por exemplo, via investimentos da indústria de cosméticos e indústria de chocolates — e invertendo a lógica de desmatamento ali. É uma questão complexa por causa dos desafios de logística e implementação dos projetos, mas possível e necessária, talvez não imediatamente, mas ocorrerá porque o valor agregado aos produtos vendidos por essas empresas será maior do que o lucro puramente. O segundo ponto é relacionado com pesquisa e desenvolvimento (P&D), que no Brasil ainda estão muito vinculados às entidades públicas, cuja aplicabilidade, com retorno para a sociedade, ainda é pequena. Existe, portanto, um desafio grande, que é ter um ambiente convidativo à P&D para a iniciativa privada. Penso que a solução é privada, não apenas para a Amazônia, mas para o Brasil inteiro.

No próximo capítulo, conversaremos sobre oportunidades de negócios em qualidade ambiental urbana.

CAPÍTULO

11

# OPORTUNIDADES DE NEGÓCIOS EM QUALIDADE AMBIENTAL URBANA

A população brasileira vive principalmente nas cidades. É o que mostra a Pesquisa Nacional por Amostra de Domicílios (PNAD): 84,72% dos habitantes vivem em áreas urbanas,[1] por isso a agenda ambiental urbana tem enorme proximidade com o dia a dia das pessoas. Por exemplo, o lixo e o saneamento básico urbano estão visíveis para o cidadão, mais do que o Fundo Amazônia, licenciamentos ambientais, ações de fiscalização florestal, unidades de conservação — mas seguem a mesma lógica aplicada ao ICMBio e ao Ibama. O que o cidadão enxerga é se o solo de sua comunidade está limpo ou contaminado, se sua cidade tem sombra de árvores, se há poluição,

---

[1] Informações disponíveis em: <https://www.ibge.gov.br/estatisticas/sociais/populacao/9109-projecao-da-populacao.html?=&t=resultados>.

se o nível de ruído é aceitável, se falta água ou se existe lixão a céu aberto. São impactados mais de 100 milhões de brasileiros sem acesso ao tratamento de esgoto, 35 milhões sem acesso à água potável e sujeitos a 36 milhões de toneladas de lixo que não encontram destinação adequada, todos os anos.[2] Por isso, do ponto de vista social, a agenda ambiental urbana é prioridade zero para o país e configura um mercado imenso de oportunidades para o setor privado, porque está diretamente ligada ao IDH, à saúde pública e à qualidade de vida da população.

Em termos globais, não poderíamos falar de qualidade ambiental urbana sem abordar o conceito de *smart cities*. Ou seja, temas como sustentabilidade das construções e seus materiais, energia, digitalização, desenvolvimento econômico etc., de forma integrada. Neste capítulo, contudo, tratarei de temas mais urgentes para o Brasil em qualidade ambiental urbana. Abordarei a relevância do tema e trarei os *cases* de algumas empresas que têm atuado nessa agenda para ilustrar as tantas oportunidades que podem ser aproveitadas pela iniciativa privada.

---

[2] Informações disponíveis em: <https://www.poder360.com.br/brasil/100-milhoes-de-brasileiros-nao-tem-coleta-de-esgotos-em-casa/>.

# O QUE É QUALIDADE AMBIENTAL URBANA?

Do ponto de vista técnico, a agenda ambiental urbana é muito mais multidisciplinar do que as demais agendas. O MMA define seis programas para cuidar do tema: lixão zero, combate ao lixo do mar, cidades verdes, recuperação de áreas contaminadas, qualidade do ar e qualidade da água.

Quando se fala em lixão zero, estamos falando de acabar com lixões irregulares, que contaminam o solo, o ar, as pessoas. E fazer como os países desenvolvidos, que reciclam tudo o que é possível reciclar e incineram o que não é recuperável, aproveitando para gerar energia. Antes de chegar a esse ponto, os países providenciavam um aterro sanitário para o lixo não reciclável. O Brasil está na fase de ainda precisar acabar com os lixões a céu aberto. Há aqui oportunidades bastante interessantes para a iniciativa privada propor às prefeituras projetos diversos de gestão do lixo.

*O Brasil está na fase de ainda precisar acabar com os lixões a céu aberto. Há aqui oportunidades bastante interessantes para a iniciativa privada propor às prefeituras projetos diversos de gestão do lixo.*

O combate ao lixo do mar — e, para além do mar, também os rios — é uma agenda imensa e extrapola a qualidade ambiental urbana, mas tem relação estreita com ela, principalmente no que se refere a descarte de resíduos, esgoto doméstico e industrial e outros problemas para os ecossistemas das cidades litorâneas de dezessete estados brasileiros.

Tudo, portanto, na questão ambiental urbana, é prioridade. Mas o poder público é lento, há limitação de recursos, a legislação é desatualizada, o cidadão não é conscientizado e responsabilizado da maneira que deveria no que condiz ao seu comportamento para contribuir com as questões ambientais em sua cidade. A iniciativa privada tem a enorme oportunidade de atuar complementarmente ao poder público de três formas: propondo processos inovadores, propondo tecnologias inovadoras, ou uma mescla de ambas as coisas. A melhor maneira de atacar os problemas é lançando mão de uma multiplicidade de soluções. E a atuação de empresas nessa agenda pode se dar conforme as formas que trato a seguir.

## PROCESSOS PARA PRESTAÇÃO DE SERVIÇOS AMBIENTAIS

Umas das formas de ingressar no processo, quando o parceiro é o poder público, é oficializar a manifestação de interesse privado, primeiro passo para participar de um projeto aberto para consulta pública. É necessário lembrar que os entes públicos podem utilizar recursos de várias fontes para apoiar iniciativas, como o Fundo Clima, do BNDES, o Programa de Cooperação com o Banco Mundial, o Programa das Nações Unidas para o Desenvolvimento (PNUD), e outros. Há uma segunda forma, que é a empresa apresentar um projeto ao poder público (União, estados, municípios ou consórcios), que o aceitará ou não. Se aceitar, realiza-se uma licitação.

Existe também o processo de uma empresa privada, com CNPJ, que visa ao lucro, apresentar ao poder público um projeto que ela própria financie e até execute, para registrar em seu relatório de sustentabilidade que contribui com o meio ambiente. A iniciativa privada também pode oferecer um projeto por meio de entidades de classe, como a associação comercial ou industrial da cidade.

Por fim, as companhias podem atuar exclusivamente no setor privado, sem parcerias com o poder público.

A seguir, exemplifico com os *cases* de algumas empresas brasileiras.

## ORGANIZAÇÕES DIRETAMENTE ENVOLVIDAS COM QUALIDADE AMBIENTAL URBANA

Falarei de três empresas que têm seus modelos de negócios voltados para diferentes frentes da agenda de qualidade ambiental urbana, assim como de um instituto criado pela indústria de defensivos agrícolas. As companhias têm seu capital aberto, com ações negociadas na B3, e fornecem em seus sites institucional e de relações com investidores muitas informações sobre os mercados em que operam. Elas têm apresentado resultados crescentes de receitas e lucros, o que demonstra que investir e trabalhar com soluções ambientais urbanas é bastante interessante.

A Ambipar, uma multinacional brasileira que atua em dezoito países por meio de trezentas bases para atendimento às demandas de seus clientes, tem sido uma referência, hoje, em várias frentes de sustentabilidade. A empresa conta com duas unidades de negócios. A unidade *Enviroment* fornece as seguintes soluções para as necessidades de gestão ambiental de seus clientes privados, que são organizações privadas de diversos portes e setores econômicos: gestão e valorização de resíduos; coleta e transporte de resíduos; coprocessamento; logística e manufatura reversa; produtos ambientais; e softwares de gestão. Já a unidade *Response* presta serviços de atendimento para acidentes e situações de emergências ambientais e humanas para companhias de diferentes portes e segmentos de atuação, oferecendo soluções de prevenção de acidentes, treinamentos, resposta a emergências, desinfecção de ambientes, serviços industriais e equipamentos de combate a incêndio. O grupo está comprando empresas no Brasil e no exterior, integrando os principais temas da agenda de qualidade ambiental urbana. Comprou recentemente, por exemplo, empresas que atuam com projetos de crédito de carbono, reciclagem e reaproveitamento de materiais diversos, via engenharia circular e logística reversa. Essa integração de processos e de tecnologias demonstra o tamanho do mercado ambiental e, em especial, o mercado da qualidade ambiental urbana. A Ambipar atua focada no setor privado e não tem negócios em parceria com o poder público.

Menciono outra empresa, a Orizon,[3] focada em construir e administrar aterros sanitários por meio de parcerias público-privadas com prefeituras, assim como em gerar energia por meio da queima de lixo e prestar serviços ambientais para grandes empresas. O grupo atua por meio de quatro linhas de negócio. A unidade de *Destinação final de resíduos sólidos* processa anualmente milhões de toneladas de resíduos sólidos urbanos: são diversas unidades de tratamento e destinação final de resíduos sólidos (ecoparques, unidades de tratamento e destinação de resíduos perigosos e estação de transferência de resíduos). A unidade de *Energia, Biogás e Créditos de Carbono* realiza o fornecimento de biogás e a geração de energia via captação e tratamento de gases oriundos da decomposição dos resíduos, principalmente o metano, em usinas de energia elétrica movidas a biogás instaladas em seus ecoparques, como também comercializa créditos de carbono, sendo um grande *player* do mercado brasileiro de créditos de carbono, evitando a produção de metano a de seus processos integrados de geração de energia elétrica a partir da queima de lixo. Na unidade de *Beneficiamento de Resíduos e Waste to Energy,* a empresa "desenvolve unidades de beneficiamento de materiais industriais (UBM), plantas de reciclagem de resíduos sólidos urbanos

---

[3] Informações em: <https://orizonvr.com.br/>.

(UTM) e plantas de queima direta de resíduos para geração de energia (WTE)". A unidade de *Engenharia Ambiental* realiza prestação de serviços para grandes empresas, "com presença em todo o Brasil, na área de serviços ambientais, tais como: (i) recuperação de áreas degradadas, (ii) remediação de áreas contaminadas; (iii) diagnóstico e monitoramento ambiental; (iv) gerenciamento de resíduos; (v) limpeza de tanques da indústria petrolífera; dentre outros".

A OceanPact,[4] por sua vez, é uma companhia que trabalha com serviços e soluções para a promoção da qualidade ambiental dos mares, oferecendo soluções de proteção ambiental, licenciamento e estudos ambientais, levantamentos oceanográficos, segurança operacional e remediação ambiental. Ela é referência em operações de reparos ambientais em que há derramamento de petróleo, combustíveis e outros acidentes que lançam produtos poluentes nos mares. Ela descreve sua atuação da seguinte forma: "A empresa oferece serviços para estudo, proteção, monitoramento e uso sustentável do mar, do litoral e dos recursos marinhos para clientes de diversos setores da economia, como óleo e gás, energia, mineração, telecomunicações, portuário, navegação, turismo, pesca e aquicultura. A experiência e capacidade em resposta a emergência e gerenciamento de crises — parte da sua cultura e do 'DNA' corporativo — deixa a OceanPact em posição diferenciada para apoiar

---

[4] Saiba mais em: <https://oceanpact.com/oceanpact/quem-somos/>.

seus clientes com segurança e eficiência em todas as atividades relacionadas ao mar"[5].

Por fim, uma iniciativa extraordinária é a do Instituto Nacional de Processamento de Embalagens Vazias (inpEV),[6] entidade sem fins lucrativos fundada pelos fabricantes de defensivos agrícolas. "O inpEV foi fundado em dezembro de 2001 e entrou em funcionamento em março de 2002. Sua criação atende às determinações da Lei Federal nº 9.974/00, que estabeleceu os princípios para o manejo e a destinação ambientalmente correta das embalagens vazias de defensivos agrícolas a partir de responsabilidades compartilhadas entre todos os agentes da produção agrícola — agricultores, canais de distribuição e cooperativas, indústria e poder público".[7] Graças à mobilização desses atores, o instituto tornou nosso país referência mundial em logística reversa de embalagens vazias de defensivos agrícolas. Hoje, "cerca de 94% das embalagens plásticas primárias (que entram em contato direto com o produto) e 80% do total das embalagens de produtos comercializados anualmente recebem a correta destinação pós-consumo. Nenhum país do mundo registra uma cobertura tão ampla. Na França, que tem o segundo melhor desempenho, a destinação não passa de 77%; seguida do Canadá, com 73%. Os Estados Unidos são o nono lugar no ranking, com 33%". Fazem parte do inpEV "mais

---

[5] *Ibidem.*

[6] Para mais informações, acesse: <https://www.inpev.org.br/inpev/quem-somos/>.

[7] *Ibidem.*

de cem empresas que fabricam defensivos agrícolas e entidades representativas do setor".[8] Obviamente, a atuação está mais nos campos do que nas cidades. Entretanto, há inúmeros projetos de logística reversa também nas cidades. O mercado é latente.

## INTEGRAÇÃO DE SERVIÇOS

Penso que a inovação é fundamental para resolver os problemas ambientais das cidades. Não só a inovação tecnológica, disruptiva, mas também a inovação de processos e de integração de cadeias para conferir a agilidade necessária para o endereçamento desses problemas.

Com o novo Marco Legal do Saneamento Básico, por exemplo, abre-se um mercado muito grande para empresas de saneamento e, ao mesmo tempo, incentiva-se o mercado para a integração de serviços — a mesma empresa que opera o serviço de água e esgoto pode cuidar de um parque ou reflorestar uma cidade inteira ou, ainda, integrar sistemas de transporte. O espaço para modelagem de negócios é amplo. Em cidades grandes, normalmente o poder público tem condição de fazer uma concessão, mas em cidades menores, a melhor solução é, por exemplo, a constituição de um consórcio para viabilizar soluções que exigem investimentos elevados, como um aterro sanitário ou serviço de coleta de lixo que atenda a várias cidades de uma mesma região em um mesmo contrato.

---

[8] *Ibidem.*

Uma empresa pode construir um serviço, junto ao poder público e aos *stakeholders* da cidade, que ofereça a coleta do lixo, mas que inclua a reciclagem e a educação ambiental, lucrando com isso e ajudando as comunidades.

A situação do meio ambiente vai mal em muitas cidades brasileiras porque ainda não foram concebidos pelo poder público modelos atrativos e profissionais de parceria com a iniciativa privada. Inclusive, a falta deles levou à formação de grupos dominantes em várias delas, que chamamos de máfias, que prestam serviços precários. Assim, em vez de esperar o poder público se mexer, as empresas podem e devem propor projetos via manifestação de interesse privado ou mesmo financiar e executar projetos para inclusão em seus relatórios de sustentabilidade. E digo também que é crescente a pressão da sociedade civil, exigindo mais qualidade de vida nas cidades e maior transparência na gestão pública, o que é mais um incentivo para a iniciativa privada aproveitar as oportunidades existentes e as prefeituras se movimentarem para buscar soluções e viabilizar condições de parcerias público-privadas.

*[...] em vez de esperar o poder público se mexer, as empresas podem e devem propor projetos via manifestação de interesse privado ou mesmo financiar e executar projetos para inclusão em seus relatórios de sustentabilidade.*

Um bom exemplo que posso citar, em relação à qualidade ambiental urbana na cidade de São Paulo, é o rio Pinheiros. Foi um processo longo de despoluição do rio Tietê, iniciado pelo estado de São Paulo na década de 1990. Mais de trinta anos de trabalho. E, ressalve-se, ainda que controlada pelo estado de São Paulo, a Sabesp é uma empresa de capital misto, com ações negociadas em bolsa. Entendo que, à medida que empresas privadas crescerem, a tendência é a de ganho de eficiência, e provavelmente os processos serão mais rápidos. Agora, com a concessão dos serviços de saneamento do Rio de Janeiro, fiquemos atentos para verificar um possível paralelo.

Temos também empresas que aproveitam resíduos de pneus para acrescentá-los ao cimento. Ou seja, um programa de logística reversa, de um material que era descartado nas periferias das cidades ou nas beiras de rios, acumulando mosquito da dengue, e que se torna concreto. Todas as demandas existem, e, com raras exceções, os municípios estão atrasados no aproveitamento de resíduos e de lixo reciclável. Quem tem o dinamismo para propor aos municípios projetos para soluções são as empresas, que podem fazê-lo por meio da manifestação de interesse privado. A lógica é a mesma das concessões de unidades de conservação e das conversões de multas ambientais, com a diferença de que nas cidades há muito mais oportunidades. E cada oportunidade é única, porque cada realidade tem um problema diferente.

E os clientes são, em parte, a indústria, que quer sua cadeia mais limpa, sobretudo em relação aos produtos mais poluentes ou com impacto ambiental maior. Somente depois de corrigida a própria cadeia é que as indústrias pensarão em ir além e atuarão nas questões socioambientais extramuros. O segundo grande cliente é o município, cujos mecanismos de atuação são lentos, faltam recursos financeiros e de pessoal e há demora para interagir e dizer o que espera do mercado. Tirando cinquenta ou sessenta capitais e grandes municípios já estruturados para lidar com seus problemas, todos os demais precisam desse dinamismo da iniciativa privada.

É importante ressaltar que essa participação de empresas já está acontecendo hoje, com organizações bem estruturadas, como a Ambipar, a Orizon, a OceanPact e a inpEV, com cooperativas pequenas de reciclagem,[9] com empresas que apresentam outras soluções para lixo ou que reflorestam áreas e, principalmente, com a integração desses serviços — que, na minha visão, é o grande atrativo diferencial, porque a demanda existe, a sociedade quer, e a classe política também. Some-se a isso a questão hídrica, cuja importância está evidente nas recentes crises de armazenamento e abastecimento de água, que já resultaram em apagão elétrico. Há quinze ou vinte anos, água não era prioridade nem para a sociedade nem para os governos. Os temas eram segurança pública, educação, saúde e transporte. Mas começou a faltar água, e a pauta está na ordem do dia.

As pessoas que procuram lugar para morar querem saber se existe praça ou parque no bairro. E, se encontram problemas de esgoto ou de água de qualidade, reclamarão junto ao poder

---

[9] Já são 802 cooperativas apoiadas pelo Governo Federal em todo o país.

público para que resolva. A qualidade ambiental pode não ser a principal preocupação da maioria dos habitantes das cidades, mas é uma pauta que tem aderência inequivocamente crescente da sociedade. A questão ambiental está estreitamente ligada à qualidade de vida.

## DIFERENTES DEMANDAS E FRENTES NAS QUAIS A INICIATIVA PRIVADA PODE GANHAR DINHEIRO PARA AJUDAR AS CIDADES A SE TORNAREM VERDES

Quando penso em cidades verdes,[10] imagino um município que tem harmonia entre sua organização e os ecossistemas, portanto, aquele mais arborizado, com qualidade de ar e água melhor, boa qualidade do solo e ecossistemas respeitados.

Na cidade de São Paulo, existe o programa Adote uma Praça, e inúmeras empresas aderiram, patrocinando o plantio de árvores, a manutenção e o aperfeiçoamento de praças. Ainda assim, segundo levantamentos realizados pelo município de São Paulo, o custo médio estimado de manutenção dessas áreas

---

[10] O Código Florestal define áreas verdes urbanas como "espaços, públicos ou privados, com predomínio de vegetação, preferencialmente nativa, natural ou recuperada, previstos no Plano Diretor, nas Leis de Zoneamento Urbano e Uso do Solo do Município, indisponíveis para construção de moradias, destinados aos propósitos de recreação, lazer, melhoria da qualidade ambiental urbana, proteção dos recursos hídricos, manutenção ou melhoria paisagística, proteção de bens e manifestações culturais" (Lei nº 12.651/12, Art. 3º, XX).

anualmente é de cerca de R$152 mil por hectare, incluindo roçagem, insumos, mão de obra e equipamentos de proteção. Também há programas de recuperação de mananciais. Lembro, ainda, do programa Green Sampa, idealizado pela Secretaria Municipal de Desenvolvimento Econômico e Trabalho e executado pela Agência São Paulo de Desenvolvimento (ADE SAMPA).[11] É uma incubadora para *startups* verdes, focadas em propor soluções para cidades limpas. A intenção é colocar empreendedores para trabalhar juntos, de maneira integrada, e, com essa sinergia, encontrar soluções melhores. Sem dúvida uma iniciativa a ser replicada em muitos locais do país — desde que não haja interferência política e o programa não se perca na burocracia. São exemplos de parcerias que nasceram por iniciativa da prefeitura de São Paulo, mas poderiam ter partido do setor privado.

As ações do Governo Federal estão consolidadas no programa Cidades+Verdes,[12] da Secretaria de Qualidade Ambiental do Ministério do Meio Ambiente, e são direcionadas especialmente para cidades que abrigam indústrias de porte pesado ou grandes centros com problemas periféricos sérios.

---

[11] É a primeira iniciativa pública que busca reunir atores estratégicos do setor de tecnologias sustentáveis para a implementação de uma plataforma que buscará soluções inovadoras para apoiar o desenvolvimento do setor, com trocas de boas práticas entre empresas, instituições, centros de pesquisas, aceleradoras e organizações que atuam com tecnologias limpas. Informações em: <http://adesampa.com.br/greensampa/o-programa/>.

[12] Mais informações neste endereço: <https://www.gov.br/mma/pt-br/centrais-de-conteudo/programa-cidades-verdes-pdf>.

O programa tem recursos que incluem a utilização de fundos públicos, como o Fundo Nacional do Meio Ambiente, o Fundo Nacional sobre Mudança do Clima e o Fundo de Defesa dos Direitos Difusos. Também conta com fundos privados, com recursos originados de compensação ambiental, com parcerias público-privadas (PPPs), do Programa de Conversão de Multas, do pagamento por serviços ambientais e programas voluntários.

Mas as cidades pequenas e de médio porte, com problemas semelhantes, sem estrutura, sem recursos e sem capacidade técnica, representam um potencial interessante de atuação da iniciativa privada, que pode propor projetos tanto para prefeituras quanto para empresas locais no sentido de tornar a qualidade ambiental urbana melhor.

Dou um exemplo: São José do Rio Preto, no estado de São Paulo, é uma cidade onde faltam árvores, com temperaturas que chegam aos 43 ºC. O governo local possivelmente não conseguirá resolver o problema em curto ou médio prazo. Essa cidade também tem problemas de enchentes, em razão de sua geografia, porque as principais avenidas estão nas baixadas, marginando rios que transbordam facilmente nos dias de chuvas. Para mitigar a ocorrência de enchentes, seria bem-vindo um programa proativo de ações por parte de alguém que tenha um dinamismo maior do que o da prefeitura. Há um bom espaço de oportunidades na arborização, porque melhorará a qualidade de vida, com mais sombra e prevenção às enchentes.

Novamente me reporto à quantidade de oportunidades em todas essas áreas. A qualidade ambiental vai além de arborização e saneamento. Precisamos falar também de eletrificação, paisagismo e de transporte menos poluente. Por falar nisso, aqui vai uma boa notícia: há indicativos de que o uso intenso do etanol transformou a cidade de São Paulo, a quarta mais populosa do mundo, em uma das cidades com o menor nível de poluição atmosférica entre as grandes metrópoles, ocupando a privilegiada posição de 1.476º no ranking das cidades mais poluídas do mundo em 2020.[13]

Algumas cidades brasileiras têm investido em qualidade ambiental. Há uma pesquisa feita pelo Sebrae de Minas Gerais[14] que analisou cidades sustentáveis em todo o mundo. Entre elas, destaca-se Curitiba, que resolveu o problema do transporte urbano com a implantação de um sistema radial de circulação de ônibus, idealização do arquiteto Jaime Lerner, que foi prefeito de Curitiba por três vezes e governador do Paraná por duas vezes. No contexto internacional, Vancouver tem duzentos parques e caminha para ser uma cidade neutra em carbono.

Com relação à recuperação de áreas contaminadas, a maior parte da contaminação do solo, no Brasil, é causada por

---

[13] Informações disponíveis em: <https://www.iqair.com/world-most-polluted-cities?continent=&country=&state=&page=1&perPage=50&cities=KxnLg5issKdfCRjDe>.

[14] Informação disponível em: <https://inovacaosebraeminas.com.br/7-exemplos-de--cidades-sustentaveis-e-o-que-aprender-com-elas/>. Além de Curitiba e Vancouver, são citadas as cidades de Freiburg, na Alemanha, Cochabamba, na Bolívia, Malmö, na Suécia, Bahia de Caráquez, no Equador, São Francisco, nos Estados Unidos, e Copenhague, na Dinamarca.

mercúrio, mas há numerosos outros agentes. Imagine-se o volume de trabalho do poder público, que precisa entender o tamanho da contaminação e pensar quais são as melhores soluções. Mas seja em recuperação de áreas contaminadas, seja em tratamento de água, saneamento básico, limpeza urbana etc., quem paga a conta pelo trabalho do poder público é o consumidor final. Por isso, e principalmente por isso, temos que pensar em uma forma de isso ocorrer de maneira muito mais rápida e eficiente. A iniciativa privada pode atuar em parceria com o poder público — e os cidadãos — nessa tarefa de melhorar a qualidade ambiental urbana por meio de concessões de uma forma dinâmica, profissional e ágil.

Reciclagem é outra frente com bastante espaço de mercado. O volume de material para reciclagem é imenso. Só de resíduos inorgânicos, são coletadas, no Brasil, 166 mil toneladas por dia — industriais e domésticos (e só 1.320 municípios declararam realizar coleta seletiva).[15] E há embalagens, lâmpadas, defensivos, óleo lubrificante, pilhas e baterias. Tudo isso são oportunidades para empresas proporem soluções para indústrias e municípios, no Brasil inteiro — em vez de ficarem esperando o chamado ou o convite das administrações públicas.

Outra oportunidade potencial para a iniciativa privada são os aterros sanitários — 40% dos municípios admitem que fazem depósito e destinação final do lixo de maneira

---

[15] Informações disponíveis em: <https://antigo.mma.gov.br/mma-em-numeros/residuos-solidos>.

inadequada.[16] Não há governo nem mesmo empresa grande como a Orizon ou a Ambipar que resolva esse problema rapidamente. A solução, caro leitor, é local. Quem pretender investir nessa área, como negócio, precisa entender a realidade local. E para os municípios, pode ser muito interessante, como já informei, a criação de consórcios que façam consultas públicas para selecionar empresas interessadas e, assim, dividir custos e viabilizar os projetos que atendam a várias cidades de uma vez. A legislação contempla que o autor do projeto, mesmo que não seja escolhido para executá-lo, receba percentual do valor do projeto de quem venceu a licitação.

Para cada ineficiência do setor público, há uma oportunidade para o setor privado. E o Brasil inegavelmente tem muito a desenvolver na agenda de qualidade ambiental urbana.

O que eu quis demonstrar neste capítulo é que a conjuntura é favorável para o enorme volume de oportunidades que existem para o mercado. E estou convicto de que é a iniciativa privada quem ajudará a resolver os problemas das cidades.

No próximo capítulo, falaremos dos benefícios, em termos de *funding*, para as empresas envolvidas com boas práticas ambientais. Abordaremos os *green bonds* e outras modalidades de financiamento.

---

[16] *Ibidem.*

CAPÍTULO 12

# FINANCIAMENTO VERDE: A EXPERIÊNCIA DO RABOBANK

Os investidores e as instituições financeiras (cooperativas de crédito, bancos privados, bancos de fomento públicos e outras) considerarão cada vez mais as práticas ambientais das empresas antes de investirem nelas e emprestarem capital a elas. Portanto, companhias que fazem uma boa gestão ambiental, desde a produção até o consumo final de seus produtos, conseguem uma vantagem competitiva decisiva no mercado: acesso a condições de financiamento mais atrativas, em comparação com aquelas que não dão a devida atenção aos cuidados com o socioambiental.

Para explicar o funcionamento das finanças verdes, considero necessário buscar um caso prático para que você, leitor, possa entender além da subjetividade. Sondando amigos que trabalham no mercado financeiro, entendi que a instituição financeira que está à frente nos financiamentos concedidos sob critérios socioambientais é o Rabobank. Trata-se de uma entidade de caráter cooperativo que existe desde 1898, na Holanda, e hoje tem representações em 38 países. Por isso, procurei o Rabobank para detalhar que diferencial uma empresa ambientalmente responsável pode ter junto a bancos e outras instituições financeiras para captar financiamentos mais baratos e ter condições de pagamento mais acessíveis.

Neste capítulo, conheceremos a experiência interessante de um banco que considera a atuação ambiental de seus clientes como estratégica para a concessão de financiamentos. Há aprendizados importantes aqui para sua empresa se tornar mais sustentável e ter acesso a capital mais barato.

Para falar de práticas de mercado, especialmente depois da COP26 e o fortalecimento do ESG nas empresas, entrevistei dois executivos do Rabobank Brasil. Fabiana Alves, diretora executiva do Rabobank Brasil, que atualmente cuida da carteira de clientes *corporate* do banco, mas com grande experiência na carteira rural; e Thiago Guedes, responsável pela área de sustentabilidade dos clientes rurais, com foco no desenvolvimento de produtos ligados ao tema ESG para os clientes do banco. Agradeço ao Rabobank pela disponibilidade e relato, a seguir, o teor da conversa.

Fabiana Alves: *o Rabobank não é uma empresa convencional. Nossa missão é cultivar um mundo melhor juntos.*[1]

*Somos uma cooperativa com fins lucrativos, fundada na Holanda pela união de pequenas cooperativas de produtores. Hoje em dia, a atuação do Rabobank fora da Holanda está focada na cadeia de F&A (Food and Agriculture). O banco não tem ações negociadas em bolsas, e todo seu lucro é reinvestido no próprio banco — esse é um dos nossos diferenciais. Além disso, o braço do banco chamado Rabo Development compra participações em outros bancos em mercados emergentes, com o objetivo de apoiar o desenvolvimento da indústria financeira nesses países. E somos o único banco no mundo focado no agronegócio, que, por ser capital intensivo, depende de suporte financeiro contínuo para financiar suas atividades. Isso é parte da explicação do porquê de estarmos à frente na questão da sustentabilidade. Sustentabilidade sempre esteve na nossa agenda desde a nossa origem. E a nossa missão — cultivar um mundo melhor juntos — define a relevância estratégica desse tema para o Rabobank Group.*

*Quando o banco começou a financiar a agricultura no Brasil, quinze anos atrás, essa conversa era completamente exótica. Fomos o primeiro banco a criar a metodologia de fazer a avaliação socioambiental do produtor rural, que antecedia a avaliação de crédito. Junto aos clientes, adotamos o princípio do engajamento e incentivo a adequação aos nossos critérios sempre que possível. Visitamos o produtor rural para identificar quais são as práticas que ele adota, e essa nota de sustentabilidade faz parte da precificação dele. Ou seja, o produtor que mostra melhores práticas socioambientais tem melhor custo financeiro. No entanto, chegamos a perder negócios*

---

[1] Para saber mais sobre a história do Rabobank e sua atuação no país, visite: <https://www.rabobank.com.br/sobre-nos>.

*porque, para nós, o compromisso com sustentabilidade sempre foi essencial. O fato de sermos um banco cooperativa com propósitos claros contribuiu muito para termos sido pioneiros em trazer para a mesa a conversa sensível sobre impactos socioambientais e como gerenciá-los de forma adequada. Enquanto cooperativa, podemos tomar decisões "impopulares", do ponto de vista do mercado financeiro, mas que estejam em linha com nossos valores e nossa missão.*

*Hoje, é uma grande satisfação verificar que essa pauta se tornou universal, especialmente na indústria financeira.*

Thiago Guedes: *com relação a esse* assessment *que fazemos de perfil socioambiental (desde 2006), não somente vamos ao local para uma análise (que gera uma nota que compõe o cálculo da taxa de juros do cliente), mas também oferecemos material de apoio, como manuais de boas práticas com base na NR-31 (a norma regulamentadora do setor agropecuário, silvícola e de extração florestal), além de promoção de Dia de Campo de Sustentabilidade, sempre com a ideia de fazer com que ele evolua nas práticas sustentáveis. É um ganha-ganha. Reduz o nosso risco e evita que o produtor receba multas dos órgãos competentes. Muitas vezes, reunimos potenciais e novos clientes e os levamos para visitar uma propriedade que consideramos ser modelo, referência, com práticas a serem perseguidas pelos demais.*

Fabiana Alves — *Em prol da nossa filosofia, sempre disponibilizamos essa tecnologia. Fomos usados como "agência de rating" por outros bancos — ou seja, se o produtor passou no crivo do Rabobank, está apto a obter crédito em qualquer instituição financeira. Ser cliente do Rabobank passou a ser símbolo de status, um selo de qualidade para o mercado e a disponibilidade de acesso a capital, ampliando a bancabilidade desse produtor.*

Thiago Guedes — *Tivemos relatos de clientes a respeito desse "rating informal". E até funcionários de outros bancos declararam que era automática a preferência a clientes aprovados pelo Rabobank. Alguns bancos, inclusive, passaram a utilizar o nosso modelo de negócio, adaptando a forma como fazíamos a análise dos nossos clientes e construindo plataformas e estruturas "agro" similares a nossa.*

Fabiana Alves — *O cliente certamente aumenta a bancabilidade dele se dá atenção e cuida bem de questões socioambientais. E nós levamos essa pauta como parte da nossa estratégia. Todos os nossos gerentes de contas têm como meta ter uma conversa anual com os clientes sobre sustentabilidade, saber quais são seus planos e metas, que investimentos vai fazer para reduzir o impacto socioambiental no longo prazo. Cada gerente é um agente de transformação.*

*O que faz brilhar nossos olhos é saber o que o produtor faz além do que está na legislação, o que faz pelos funcionários, que impacto positivo tem sobre a comunidade e o meio ambiente. E como garante a gestão de aspectos como a não contaminação do solo e da água. Tem sido um trabalho conjunto de tornar a agenda de sustentabilidade cada dia mais relevante junto aos nossos clientes. Cada escritório nosso tem um agrônomo que vai visitar as fazendas dos clientes e checar vários aspectos que precisam estar em ordem para que possamos discutir financiamentos customizados de acordo com as necessidades e particularidades de cada cliente. E muitos clientes relatam que, cumprindo o que propomos, melhoraram sensivelmente a gestão da propriedade como um todo. Isso porque, em paralelo ao serviço financeiro, fazemos um trabalho de conscientização sobre governança junto a nossa clientela.*

*Nossa estratégia não é pautada apenas na questão financeira, mas na disseminação de conhecimento e provimento de* networking *qualificado.*

Thiago Guedes — *E este ano implementamos um novo assessment para produtores rurais que é diretamente ligado aos temas voltados para as mudanças climáticas. Queremos preparar o produtor para estar informado não somente sobre legislação e normativas, mas deixando-o pronto para um passo adiante. Nesse formulário, conseguimos verificar como o produtor trata a biodiversidade, mudança de uso de solo, eficiência energética, uso de defensivos, se tem certificação ou não, entre outros temas ligados às práticas ESG. A área comercial do banco está muito envolvida nisso, onde, além do nosso agrônomo, o gerente de conta que vai conceder o empréstimo também tem relação próxima com o produtor e tem condição de estabelecer uma conversa sobre os temas de sustentabilidade com maior profundidade. Isso traz impactos positivos em toda a cadeia. Além de ter mais bancabilidade o produtor que realmente trabalha com boas práticas socioambientais tem sua marca e produtos mais valorizados, o que se traduz em maiores volumes, preços e margens, além de ampliar seu mercado. Ou seja, ele terá um número potencial maior de clientes interessados em sua produção, em comparação àquele produtor que não valoriza as boas práticas socioambientais.*

Fabiana Alves — *Estamos muito focados em obter dos nossos clientes o compromisso de investir em ações que reduzam impactos socioambientais. Documentamos o compromisso, que está diretamente vinculado ao seu acesso ao nosso capital. O nosso cliente precisa, de fato, tomar medidas socioambientais consistentes. E a indústria financeira tem o papel de manter os negócios em andamento* e impedir que o greenwashing[2] descredibilize um processo que está em maturação, das escolhas de investimentos verdes. Hoje, o valor que a gente vê no balanço da maioria das empresas é parcial, porque nem sempre nele está contabilizado o custo social e ambiental. A ideia é a empresa incorporar o tripé da sustentabilidade — people/profit/planet — e garantir o aumento do lucro na medida em que suas iniciativas socioambientais tenham impacto positivo e que seus produtos carreguem o seu verdadeiro valor incluindo o custo socioambiental. Isso não é fácil de medir, mas é nessa direção que o mercado financeiro tem que ir.

O custo da carbonização tem que ser incorporado e monitorado por todos: investidores, instituições financeiras, empresas e consumidores. Investidores são o elo entre a sociedade e o mercado financeiro e o acesso ao capital. Mas é muito importante falarmos de consumidor também. Ao observarmos a pegada de carbono do agronegócio, um percentual enorme está ligado à globalização e a hábitos de consumo. Vegetais orgânicos transportados de avião e frutas fora da estação são alguns exemplos interessantes desse paradoxo. As pessoas se adaptaram à comodidade de comer de tudo, em qualquer época do ano, em qualquer lugar do mundo. Até que ponto nos preços desses alimentos está contabilizada essa pegada de carbono? Não está ainda, mas vai precisar estar, para que isso influencie o hábito do consumidor. Portanto, a globalização, combinada com a necessidade de produção em escala para baratear a oferta de alimentos, requer que os hábitos do consumidor sejam influenciados pelo real valor do alimento.

O terceiro fator extremamente relevante, mas às vezes menosprezado, é o desperdício. De 20% a 30% de tudo o que é produzido no planeta vai para o lixo. Consumiu

---

[2] Lavagem verde ou maquiagem verde, o termo refere-se à "prática de camuflar, mentir ou omitir informações sobre os reais impactos das atividades de uma empresa no meio ambiente." Para mais informações, visite: <https://fia.com.br/blog/greenwashing/>.

carbono, recursos naturais, e, ainda assim, vai para o lixo. Cuidar da redução do desperdício que acontece em toda a cadeia de produção e logística, do campo à geladeira do consumidor, é fundamental, pois reduz a necessidade de aumento de volume de alimento produzido e para garantir a segurança alimentar de uma população crescente, portanto, contribuindo muito com a redução do impacto.

Thiago Guedes — Temos uma política socioambiental mais exigente do que a própria legislação, mas seguimos um processo de primeiro estimular a adesão do candidato ao crédito de política socioambiental. Ele assina um compromisso, e depois fazemos toda uma checagem de primeira mão com os nossos agrônomos. Eles olham tudo: lavador de trator, para onde estão indo os efluentes, como é o manejo de dejetos, refeitório, alojamento, entre outros aspectos. Depois, o gerente de conta segue com questionamentos sobre mudanças climáticas, qual a política da empresa para isso, que práticas persegue, se já tem certificação. O acompanhamento do atendimento do cliente ao compromisso socioambiental é anual, mas, dependendo da pontuação socioambiental, esse prazo pode ser dilatado para dois anos ou três anos. O resultado dessa verificação vai impactar o rating desse cliente, com relação direta nas taxas de juros, prazos de pagamentos e disponibilidade de capital. Dos assessments socioambientais nascem oportunidades que o banco pode ofertar para o cliente. Ele pode ser cobrado pelos seus consumidores para ter certificação, por exemplo, e passa a querer obter essa certificação para melhorar sua rentabilidade ou para se posicionar no mercado quanto às suas práticas socioambientais. A partir do desejo dele é que estabelecemos maneiras de ajudá-lo nessa transição para uma produção ainda mais sustentável. Eu destaco que nós no Rabobank exercemos um papel bastante educativo em relação aos nossos clientes, e isso faz parte do nosso espírito cooperativista e da forma que vivenciamos nossa missão *de cultivar um mundo melhor juntos. Em muitos casos, realizamos praticamente um trabalho de consultoria técnica para ajudá-los a melhorar em suas questões de impacto socioambiental.*

Fabiana Alves — *Essas maneiras podem incluir financiamento clássico, em condições melhores — por exemplo, um desconto no final, se o cliente entregar determinadas métricas. Isso tem impacto positivo no custo de capital dele, porque o desconto sai da nossa taxa de spread. Para o produtor rural que precisa renovar o financiamento todo ano-safra, nosso banco aplica o rating de sustentabilidade dele no cálculo da precificação. E à medida que ele vai melhorando de rating, vai obtendo benefícios nas condições de seu crédito. O custo médio do capital e o volume de limite a que aquele cliente passa a ter acesso dentro do Rabobank é diferenciado quando ele tem um mix de sustentabilidade melhor do que a média. E à medida que ele vai melhorando, o banco vai tendo mais segurança de ampliar o seu limite.*

Thiago Guedes — *Se esse cliente quiser buscar mais coisas para agregar ao seu mix de sustentabilidade, como obter uma certificação internacional de soja produzida, de acordo com determinados critérios de responsabilidade socioambiental, sempre alertamos que tal processo deve ser verificado por uma certificadora externa para validação. Isso traz transparência e conforto a todos os envolvidos.*

Fabiana Alves — *O* rating *socioambiental que aplicamos foi desenvolvido internamente, desde que começamos a fazer financiamento agrícola no Brasil. Temos um modelo que gera o* rating *de crédito e outro que gera o* rating *de sustentabilidade.*

Nesse ponto da entrevista, perguntei aos dois representantes do Rabobank para onde o mercado está indo e até que ponto as pequenas empresas podem se tornar sustentáveis e conseguir financiamento competitivo.

> Fabiana Alves — *O mercado financeiro avalia o risco, e o risco ambiental e climático é cada vez maior. A história não para em pé se for filantrópica ou filosófica. Só faz sentido quando a gente reconhece que o socioambiental é parte do lucro ou prejuízo. Criar mecanismos para favorecer quem tem melhor gestão de ESG mitiga riscos, de crédito e reputacionais. E acho que na indústria financeira isso está sendo incorporado por uma questão de objetividade e de necessidade. No entanto, para o Rabobank é também uma questão de propósito, de missão da nossa organização e comprometimento com a agenda ESG globalmente.*
>
> *O monitoramento dos KPIs, das metas e da rastreabilidade terá que ser transparente e socializado. Tudo isso terá que permear a cadeia inteira e ser disponível para a cadeia inteira. Hoje, o Rabobank faz isso, mas no futuro, se cada elo da cadeia tiver que fazer, os negócios ficarão inviáveis. Esse processo depende de tecnologia, mas depende também de articulação. E naturalmente envolverá também as pequenas empresas e os pequenos produtores. O grande produtor faz o investimento necessário para uma certificação, por exemplo, mas isso não resolve o problema global da cadeia, porque existem milhões de produtores pequenos e médios que não estarão inseridos. Portanto, é preciso tornar o monitoramento uma lógica da cadeia.*

Depreendo de tudo o que ouvi de Fabiana Alves e Thiago Guedes que a tendência de mercado é a de os bancos seguirem o modelo do Rabobank, e que os pequenos produtores, seja pelo amor ou pela dor, precisarão, igualmente, seguir o caminho da sustentabilidade. É nítido que a experiência do Rabobank no Brasil está concentrada no agro, mas não é difícil entender para onde o mercado está caminhando.

Empresas de todos os portes e segmentos se beneficiarão, do ponto de vista da relação com seus bancos, se estiverem de fato atuantes na gestão responsável da sustentabilidade. O risco dos bancos passará, em breve, a ser medido também pelo risco climático que os clientes carregam em seu portfólio. Mas a padronização de modelos, entre eles o da mensuração de carbono, ainda está por ser estabelecida e será essencial para o acesso ao capital. A regulamentação do artigo 6º do Acordo de Paris, na COP26, ajudará muito os bancos nessa parametrização, especialmente para o agronegócio, que é o mais suscetível às variações climáticas.

Portanto reitero: a gestão de pautas socioambientais não será mais apenas uma questão de posicionamento de mercado, de estratégia e de reputação. Será também uma questão financeira (com impacto direto no custo de capital de "bancabilidade") para um número crescente de empresas de diversos portes e de diversos segmentos.

No próximo capítulo, conversaremos sobre qual é a responsabilidade que cabe a cada uma das áreas internas de uma empresa em relação ao ambiental. Isso será de grande valor para a criação de uma cultura de sustentabilidade que se desdobre em ações concretas no dia a dia de sua organização.

CAPÍTULO

# 13

# CULTURA DE SUSTENTABILIDADE E O PAPEL DE CADA ÁREA INTERNA DA EMPRESA EM RELAÇÃO AO AMBIENTAL

Como bem vimos no último capítulo, preservar o meio ambiente e buscar ter o menor impacto possível, além de fazer bem para a saúde do planeta, também traz resultados muito positivos para as empresas no mercado, que se traduzem em maiores lucros, em maior fidelização de clientes e em diversos outros benefícios. Ou seja, ESG (*Environmental, Social and Governance*) não é mais uma questão apenas de posicionamento, mas de competitividade.

Há uma demanda crescente da sociedade, de governos, de organizações do terceiro setor, de bancos, de instituições financeiras e dos próprios clientes, para que as empresas se tornem cada vez mais sustentáveis e desenvolvam seus negócios da maneira mais harmônica possível com o meio ambiente e com a sociedade.

É impensável, nos dias de hoje, que empresas de diferentes portes não tenham uma atuação específica voltada para boas práticas em relação ao meio ambiente. Sou frequentemente solicitado por empreendedores, empresários e executivos, nas palestras que ministro e nas consultorias que ofereço, sobre o que devem fazer no dia a dia para contribuir com a preservação ambiental.

Minha proposta, neste capítulo, é mostrar qual é o papel de cada uma das diretorias e áreas das empresas no desenvolvimento de uma atuação favorável ao meio ambiente por meio de boas práticas. Trarei orientações, de maneira bastante didática, para você, leitor, que é executivo, empresário ou empreendedor tornar sua empresa de fato sustentável, amiga e parceira do meio ambiente. Você verá que tem muito a ganhar com isso.

## ESG EM 3D!

A primeira orientação que faço é fugir do simplismo e não entender o ESG apenas de forma plana, como simplesmente mais uma área como compras, RH ou vendas. É preciso entender que se trata de uma questão de competitividade, que deve permear a atuação de todas as áreas de sua empresa. Portanto, é importante enxergar as três dimensões.

## 1ª Dimensão: ESG

É preciso se lembrar de que não dá para pensar em atuação apenas ambiental. A atuação social é extremamente importante e deve vir em conjunto. Em países emergentes, os problemas ambientais estão bastante correlacionados a temas sociais. Ou seja, a atuação deve ser socioambiental. Além disso, a governança é absolutamente imprescindível para uma atuação eficaz. Ou seja, é preciso criar mecanismos de transparência e de responsabilização.

## 2ª Dimensão: cadeia de valor

Todas as empresas estão inseridas em uma cadeia de valor, que envolve desde a compra da matéria-prima até a venda do produto ou do serviço para o cliente final. Uma boa atuação em ESG precisa transbordar sua empresa, envolvendo seus fornecedores e seus clientes.

## 3ª Dimensão: organizacional

Não é possível impactar a cadeia de valor sem uma estratégia de atuação em ESG que permeie toda a organização. Ou seja, qualquer estratégia precisa buscar o envolvimento de toda a organização, em todas as áreas.

# O PAPEL DO CONSELHO CONSULTIVO[1] OU DE ADMINISTRAÇÃO, DOS SÓCIOS E DA DIRETORIA EXECUTIVA NA IMPLEMENTAÇÃO DE BOAS PRÁTICAS AMBIENTAIS

A cultura come a estratégia no café da manhã. Ou seja, por melhor que seja sua estratégia, ela não será bem-sucedida se não estiver alinhada à cultura de sua organização.

A diretriz tem que vir de cima, seja a partir do conselho de administração, seja a partir dos sócios, seja a partir da diretoria executiva, e é muito importante que o tema da sustentabilidade ambiental se torne parte dos comportamentos e hábitos que os colaboradores manifestam no dia a dia do trabalho. O primeiro passo fundamental para que a empresa comece a se tornar sustentável é que o tema ambiental seja tratado pela alta administração como prioridade e faça parte da cultura organizacional.

---

[1] Segundo definição da Endeavor, o Conselho Consultivo "é um grupo de profissionais experientes que se reúnem periodicamente para discutir questões da empresa que apoiam e sua gestão, dando suporte em escolhas estratégicas, oferecendo ajuda em desafios específicos e ajustando a estrutura organizacional da empresa às necessidades do mercado." Para saber mais, visite: <https://endeavor.org.br/tomada-de-decisao/conselho-consultivo-pode-ajudar-empresa/>.

Outra definição de que gosto é esta: "É um grupo formado por profissionais internos e externos à organização, que podem trazer conhecimento e experiência adicionais à visão dos acionistas, executivos e da equipe de gestão. Assuntos como controles internos, finanças, desenvolvimento de pessoal, marketing e fiscal são algumas das temáticas que podem ser abordadas em um conselho consultivo." Conheça mais em: <https://go4.com.br/conselho-consultivo-o-que-e-e-qual-a-sua-funcao/>.

O papel do conselho consultivo ou de administração é pensar a estratégia ambiental da empresa. Cabe a ele fazer com que todos entendam que ter a sustentabilidade ambiental como prioridade é vital para a sobrevivência da empresa e para a perenidade de seus negócios, no médio e no longo prazo. Uma empresa sustentável ganha competitividade de mercado.

Em empresas que não tenham conselhos estabelecidos, quem se responsabilizará por esse posicionamento estratégico são os sócios, em conjunto com a diretoria executiva.

A partir da definição das bases e das principais linhas dessa estratégia ambiental da empresa, pelo conselho ou sócios, os diretores devem levar cada um desses fundamentos para suas áreas. A estratégia ambiental se desdobra em algumas frentes. É muito recomendável, e quase obrigatória, a participação do RH ou de uma área de ESG para fazer a ponte entre as áreas, promover a educação e a conscientização das equipes e mostrar a importância da presença do tema ambiental no dia a dia da empresa. Também a área financeira terá um papel fundamental na condução da estratégia, assim como a área de operações, a área de vendas e marketing. As diretorias de relações institucionais e governamentais, como todas as demais, terão atividades específicas para auxiliar no cumprimento das ações da estratégia.

## O PAPEL DO CEO

Desde que o conselho consultivo ou de administração ou os sócios, em conjunto com a diretoria executiva, definiram a estratégia ambiental e suas linhas mestras, cabe ao CEO levar essa estratégia para discussão com cada uma das áreas da companhia e, naturalmente, cobrar a execução. Normalmente é importante que o RH ou uma área de ESG suporte o CEO nesse processo.

O CEO tem, no dia a dia do trabalho, que atuar como guardião da estratégia e disseminar a importância e valorização que precisam ser dadas para o tema da sustentabilidade ambiental na empresa.

Ao RH ou à área de ESG cabe desenvolver campanhas educativas e de conscientização, junto a cada uma das diretorias, para que as equipes compreendam como as boas práticas ambientais devem ser inseridas em seu cotidiano de trabalho, de maneira que a preservação do meio ambiente e a sustentabilidade sejam prioridade em sua atuação. Por exemplo, a área de *facilities* pode propor iniciativas para todos, de uso racional de recursos com o objetivo de economia e aproveitamento, como reciclagem de materiais. Pode liderar com a diretoria de relações institucionais parcerias com associações de catadores para coleta e aproveitamento de lixo reciclável. Pode sugerir iniciativas para a racionalização e economia de energia e de água.

# O PAPEL DA ÁREA DE OPERAÇÕES NO AMBIENTAL

A área de operações tem papel fundamental nas boas práticas voltadas ao meio ambiente. Em geral, em indústrias e fábricas, a equipe de segurança e meio ambiente está locada dentro de operações. Essa equipe pode promover iniciativas semelhantes às sugeridas pela área de *facilities* do RH, ou seja, racionalização e economia de recursos dentro do ambiente da produção, além da reciclagem e da destinação adequada de resíduos e rejeitos. Note-se que o setor de segurança e meio ambiente é o responsável por acompanhar e fazer cumprir toda a legislação que envolve, por exemplo, a construção e instalação de novas unidades, tratando das autorizações e dos licenciamentos junto ao Ibama e demais órgãos de controle ambiental.

A equipe de compras, que costuma atuar junto à área de operações, tem papel também importante, porque é responsável pela aquisição de insumos e matérias-primas para a produção, devendo buscar fornecedores compromissados com a preservação ambiental e o menor impacto possível de seus processos produtivos sobre o meio ambiente. Cabe à área de compras a função central de selecionar fornecedores responsáveis, com certificações ambientais e de qualidade, cuidando de visitar esses fornecedores para entender como é o processo produtivo de seus materiais e garantindo que tais materiais sejam originados de uma cadeia limpa, sustentável e ambientalmente correta.

Por sua vez, a equipe de logística, encarregada de todo o processo de armazenagem, transporte e entrega dos produtos da empresa, pode ter iniciativas muito interessantes para gerar o menor impacto possível ao meio ambiente. Desde buscar trabalhar com veículos elétricos ou que usem biocombustíveis, diminuindo ou mesmo zerando o uso de óleo diesel, que é um grande emissor de carbono, até cuidando de usar energia fotovoltaica nas instalações de estocagem para iluminação, ventilação e/ou manutenção de temperatura — medida que pode ser adotada também nas linhas de produção, em parceria com o setor de segurança e meio ambiente. Além de economizar energia, são iniciativas que beneficiam o meio ambiente.

A equipe de qualidade, por seu turno, pode ajudar no desenvolvimento de novas tecnologias que usem insumos mais verdes, em parceria com a área de pesquisa e desenvolvimento. Por exemplo, na indústria química, usar insumos vegetais no lugar de materiais originados da cadeia petroquímica para a produção do chamado plástico verde:[2] é o polietileno criado a partir do etanol de cana-de-açúcar — ele é completamente reciclável.

---

[2] A Braskem, empresa brasileira de capital aberto, é pioneira no desenvolvimento dessa tecnologia. Saiba mais sobre o plástico verde em: <https://www.simperj.org.br/blog/2019/10/29/voce-conhece-o-plastico-verde-saiba-tudo-sobre-esse-material-100-renovavel/>.

# O PAPEL DAS ÁREAS DE VENDAS E DE *MARKETING*

A área de vendas pode buscar transformar todas as boas práticas ambientais em resultados tangíveis para a empresa. Nas negociações, deve levar em consideração que os clientes estão cada vez mais interessados em comprar produtos e serviços cujo processo de elaboração esteja alinhado com a preservação do meio ambiente. Produtos ambientalmente sustentáveis conseguem obter melhor preço de venda, proporcionando melhores margens, e conseguem prestígio e admiração por parte dos consumidores. Um exemplo é a indústria alimentícia, cujos vendedores, ao abordar as redes varejistas, podem demonstrar o quanto seus produtos certificados foram produzidos de acordo com as melhores práticas ambientais, sem causar degradação do meio ambiente e nem desperdício de água e de energia. Os consumidores finais dessas redes varejistas estão cada vez mais dispostos a pagar mais por produtos que não se originem de cadeias que degradam o meio ambiente. A sustentabilidade resulta em competitividade de mercado, e isso é um fato.

Em muitas empresas, vendas e marketing estão unidas sob um mesmo comando. Nesse caso, o marketing tem a função primordial de comunicar

*A comunicação bem-feita de que a empresa é amiga do meio ambiente trará prestígio junto aos consumidores.*

aos clientes todas as ações aplicadas à operação, estocagem e logística, para obter produtos ambientalmente responsáveis. A comunicação bem-feita de que a empresa é amiga do meio ambiente trará prestígio junto aos consumidores. A divulgação também de ações de pós-venda e de logística reversa, nas comunicações, é um diferencial para aumentar a confiança dos consumidores, que observam a economia circular praticada pela empresa.

Junto ao RH ou à área de ESG, o *marketing* deve se encarregar, ainda, da comunicação interna, ou seja, incutir no público interno da empresa o orgulho de produzir e entregar aos clientes bens e serviços ambientalmente corretos, e manter, nesse aspecto, os colaboradores atualizados de cada nova iniciativa adotada para melhorar a cadeia de produção. A comunicação é essencial para que os colaboradores vejam sentido nas funções que desempenham, o que contribui para o engajamento e para a retenção de profissionais.

##  O PAPEL DA ÁREA DE FINANÇAS NO AMBIENTAL

Boas práticas de sustentabilidade trazem benefícios financeiros tangíveis para a empresa. Cadeia limpa de fornecedores, racionalização no uso de recursos ambientais, certificações obtidas e todas essas iniciativas que constarão dos relatórios de sustentabilidade elaborados pela área de relações institucionais e governamentais permitem à área financeira obter condições diferenciadas para a sua estrutura de *funding*. Relatórios bem elaborados são fundamentais para a obtenção de crédito mais barato e melhores condições de pagamento junto a instituições de fomento públicas, como o BNDES, ou mesmo junto a bancos privados. Empresas ambientalmente corretas conseguem taxas de juros muito mais baratas e prazos diferenciados de pagamento. É preciso que a área de finanças esteja muito bem informada, não apenas por meio dos relatórios de sustentabilidade da área de assuntos corporativos, mas também por meio de comunicações do CEO e das demais áreas, sobre os avanços da empresa na questão da sustentabilidade. Crédito mais barato e melhores prazos de pagamento geram um efeito multiplicador positivo em todas as operações da empresa. Para empresas de grande porte, a emissão de *green bonds* (os chamados títulos de dívidas verdes), pagando taxas mais baixas aos investidores, é uma realidade cada vez mais frequente. É crescente o número de empresas brasileiras que têm feito captação de recursos via mercado privado de títulos de dívidas verdes, como a Natura e o Grupo São Martinho.

*Empresas ambientalmente corretas conseguem taxas de juros muito mais baratas e prazos diferenciados de pagamento.*

É papel do responsável pelas relações com investidores a produção de todos os relatórios de sustentabilidade que detalham como a empresa se relaciona com o meio ambiente, quais são suas certificações, boas práticas e ações que promove para a sustentabilidade. Reúne todas as informações internas da empresa para a confecção desses relatórios, registrando a pegada de carbono e evidenciando todas as iniciativas feitas com diferentes *stakeholders* para a mitigação de impactos ambientais e a preservação do meio ambiente. Tais relatórios são também de grande importância para as equipes de vendas e *marketing*, e da área de finanças, como acabamos de ver.

## O PAPEL DA ÁREA DE RELAÇÕES INSTITUCIONAIS E GOVERNAMENTAIS NO AMBIENTAL

Também chamada de assuntos corporativos, essa área é responsável por parcerias com o poder público, de impacto positivo, normalmente adotando áreas públicas para cuidar, como praças, canteiros e áreas verdes, como parques e unidades de conservação.

Em conjunto com a área de marketing e com o RH, organiza ações que mobilizem os colaboradores da empresa na direção da sustentabilidade, desde campanhas de voluntariado em trabalhos de limpeza e recuperação de locais contaminados ou degradados, até projetos de educação ambiental envolvendo escolas, inclusive para a proteção de espécies locais. Portanto, além de se relacionar com o poder público, tem forte envolvimento com a sociedade.

## O PAPEL DO RH

Além de ajudar na implementação da cultura, é importante que o RH coloque metas em critérios de ESG na remuneração variável dos líderes de todas as áreas. Ou seja, para os executivos ganharem os bônus, além de entregar resultados financeiros, é preciso entregar resultados socioambientais, já que a competitividade de sua organização está atrelada a esses critérios.

Portanto, como você pôde ver, eu trouxe aqui orientações plausíveis sobre como cada área da empresa pode adotar boas práticas e contribuir com o meio ambiente de maneira significativa. Convido você a refletir em que estágio de cultura e de estratégia está sua empresa, a empreender esforços para consolidar o socioambiental em sua cultura organizacional e a montar um plano de ação com iniciativas que podem ser colocadas em prática em cada uma das áreas.

# CONCLUSÃO

## QUE TAL A CRIAÇÃO DE UM SUPERMINISTÉRIO PARA TRAZER DINAMISMO ÀS QUESTÕES AMBIENTAIS?

Ainda na introdução, escrevi que o propósito deste livro é compartilhar conhecimento e oportunidades com o mercado e ajudar a conceber, alavancar e implementar investimentos em projetos em benefício do meio ambiente e do desenvolvimento sustentável. Por isso, este texto foi construído sobre dois aspectos: o primeiro é mostrar as oportunidades que já existem para o meio ambiente; o segundo é mostrar como tudo pode ficar ainda muito melhor para avançar com essa agenda ambiental.

Para tanto, ao longo dos capítulos, procurei sempre mostrar minha visão sobre os tópicos de cada capítulo e demonstrar as oportunidades para a iniciativa privada. Mas não me abstive de fazer sugestões de mudanças estruturais que entendo convenientes, ou até necessárias. Basta ver os capítulos sobre o Fundo Amazônia, sobre o Ibama e sobre o ICMBio. Já propus, em capítulo anterior, que o ICMBio se transforme na Empresa Brasileira de Biodiversidade e Floresta. Se não se transformar, paciência, porque já existe um monte de oportunidades nesse instituto. Já propus que o Fundo Amazônia utilize o protocolo da proposta de manifestação de interesse para a liberação de seus projetos. E já propus que o Ibama se concentre em duas atividades — licenciamento e fiscalização — e deixe as demais ocupações para outros órgãos.

Este capítulo de conclusão, portanto, é o mais ambicioso deste livro. Já não mencionarei mais as oportunidades para iniciativa privada. Entretanto, como esta obra está sendo publicada em 2022, ano eleitoral, humildemente sugerirei uma nova estrutura para um superministério. Se, por acaso, essa sugestão for ao menos em parte absorvida, o impacto positivo em benefício do meio ambiente será enorme, e certamente haverá mais oportunidades para a iniciativa privada no futuro.

Para estruturar o Governo Federal, cabe ao presidente escolher se quer uma estrutura muito dividida ou menos dividida. Um governo mais enxuto deve ter de quinze a vinte — e não quarenta — ministérios. Na minha opinião, quarenta ministérios não foram a experiência adequada. Com menos ministérios, o comando fica mais ágil, porque a máquina já é pesada, e quanto mais pulverizado fica esse comando, menos priorização se tem, menos sinergia entre os ministérios e menos velocidade.

Um bom exemplo recente no Brasil é o Ministério da Economia, bastante empoderado. Reuniu por dois anos em uma única pasta os antigos ministérios do Planejamento, Indústria e Comércio, Previdência, Trabalho e Fazenda, definiu um caminho comum, e — à exceção daquilo que precisa de apoio legislativo, que é bastante coisa — toda a agenda andou rápido, andou bem. Conseguiu-se um comando e controle único de tal forma que há otimização em todas as áreas, eliminando-se a lógica de antagonismo.

Na questão ambiental, é importante a mesma lógica. Porque, apesar de o MMA hoje ser responsável pelo Ibama, pelo ICMBio e pelo Jardim Botânico do Rio de Janeiro, as questões de desenvolvimento sustentável estão em outros ministérios. Vejamos: o Serviço Florestal Brasileiro, que estava no MMA, foi para o Ministério da Agricultura, Pecuária e Abastecimento; a Agência Nacional de Águas e Saneamento Básico foi para o Ministério do Desenvolvimento Regional, que já mantinha a Secretaria de Recursos Hídricos e a Secretaria Nacional de Saneamento. Por esses exemplos, vemos que o governo é gigantesco e tem inúmeras secretarias debaixo de seus ministérios e vários órgãos embaixo dessas secretarias. Por isso, é preciso optar pela estrutura de comando: se deve ser mais rápida e mais alinhada, ou mais pulverizada — que é o caso da situação atual.

É preciso deixar claro que a configuração selecionada para gerir políticas públicas já é arbitrária no momento que se fala em "escolha". É possível ter um ministério só de saneamento, um ministério só de ciência e outro só de tecnologia. Como se pode ter um ministério só de biodiversidade e outro só de floresta. Mas, na minha percepção, o que tem dado certo? Estrutura mais empoderada, que dá mais dinamismo, mais celeridade e mais facilidade para estabelecer prioridades; evitam-se paralelismos e demonstra-se à sociedade que o meio ambiente não é uma questão isolada. Porque não existe política ambiental isolada da ciência e tecnologia, nem do turismo, nem do saneamento básico. Sustentabilidade e desenvolvimento econômico têm que ser vistos de maneira mais ampla e com unicidade de comando para que se entenda o que está acontecendo.

*Sustentabilidade e desenvolvimento econômico têm que ser vistos de maneira mais ampla e com unicidade de comando para que se entenda o que está acontecendo.*

No governo de São Paulo, infraestrutura e meio ambiente compõem uma única estrutura. Ninguém achou ruim que a Sabesp, Emae, Cetesb e Fundação Florestal estejam no mesmo arcabouço. Essa secretaria é vista com bons olhos porque, quando eu trabalhei na Fundação Florestal, em 2017, existiam a Secretaria do Meio Ambiente e a Secretaria de Energia e Saneamento. Quando Geraldo Alckmin ganhou a eleição, além da então Secretaria do Meio Ambiente, desmembrou uma secretaria em duas: Secretaria de Energia e Secretaria de Saneamento Básico. Com a eleição de João Dória, a estratégia foi diferente. Criou-se a Secretaria de Infraestrutura e Meio Ambiente, que comanda ao mesmo tempo a Sabesp, Cetesb, Fundação Florestal, Instituto Florestal e Zoológico.

O atual MMA é pequeno, com poucos recursos, e, embora com poder político relativamente grande, seu poder de execução é bastante limitado. A execução de pautas ambientais, no Governo Federal, está distribuída em diversos órgãos, sem unicidade de comando, sem velocidade e sem prioridades claras. E é fundamental que haja uma integração maior entre as políticas públicas ambientais, em todos os níveis de governo, sejam ministérios ou secretarias nos âmbitos estadual e municipal.

Tenho visto como alguns países estão estruturados, cada um com sua própria pauta. Os Estados Unidos são um caso exemplar. Estive em contato com um pessoal do *US Forest Service*, que é quem cuida das florestas daquele país. A entidade tem até parceria com o ICMBio, dando cursos sobre manutenção de florestas. Disseminam tecnologia, fazem muitas trocas com o mundo inteiro e lideram muitas iniciativas. Mandei um e-mail para esse instituto, e adivinhem onde está esse departamento? No *Agriculture Department*. Isso porque lá existe unidade de visão e a cultura de que a agricultura não é antagonista na questão ambiental. Já na Alemanha, por exemplo, o meio ambiente fica com segurança nuclear, o que faz sentido para aquele país.

Nos estados brasileiros, há casos com uma visão mais atualizada de que é preciso estimular o integrar preservação ambiental e desenvolvimento econômico. Em alguns estados, existe a Secretaria de Meio Ambiente e Energia, em outros, a Secretaria de Meio Ambiente e Infraestrutura — como em São Paulo. Ou seja, o governador distribui as secretarias para cuidar de assuntos interligados. Funciona mais ou menos assim em todo o mundo.

Quanto ao meio ambiente nas políticas públicas no nível federal, poderíamos pensar um pouco parecido, mas não sei se seria conveniente no Brasil.

O que ocorre é que a percepção de antagonismo infelizmente ainda é muito forte. É a ideia de que o MMA deve defender o meio ambiente, e o Ministério da Agricultura, defender a agricultura. No Ministério de Minas e Energia, a pessoa que cuida do meio ambiente normalmente não pode trabalhar em conjunto com a equipe do MMA. Isso também ocorre com o Ministério de Infraestrutura ou qualquer outro setor de impacto, seja lá qual for a razão. O que ainda existe (ainda que esteja em declínio) é uma visão de antagonismo e de silos, isto é, cada ministério atua dentro de seu quadrado, existindo pouca ou nenhuma coordenação e ação conjuntas em temas ligados ao meio ambiente.

Eu já vi muita gente propor que o meio ambiente se incorpore, por exemplo, à área da agricultura. Não concordo, ainda que a agricultura ou minas e energia ou infraestrutura sejam todas pautas que de fato precisam andar de mãos dadas com a política ambiental. Entretanto, reconheço que pontualmente pode haver conflitos de interesse. Entendo que cada vez mais precisamos trabalhar para diminuir esses conflitos de interesse. O governo precisa ter todos os setores, mas com a visão de que os respectivos negócios não são sustentáveis caso não passem pela variável ambiental. O meio ambiente não é sustentável se essas condições não forem razoáveis e colocadas de uma forma muito inteligente junto a esses setores de desenvolvimento econômico.

Por essa razão, não estou propondo que o Ministério da Agricultura, Pecuária e Abastecimento, que historicamente defende os interesses dos produtores rurais, por exemplo, e o Ministério das Minas e Energia, que defende os interesses do setor de mineração e todos os atores da cadeia de geração, transmissão e distribuição de energia, sejam integrados ao MMA.

As questões de governança no poder público são extremamente regulamentadas, seja pela Controladoria Geral da União, pelos tribunais de contas, pelos legislativos, pelos judiciários. A burocracia retira muito dinamismo da máquina pública — e tem razão de ser, para conferir maior transparência no uso dos recursos públicos.

Para melhorar o dinamismo por meio da integração, proponho a criação de um superministério de desenvolvimento sustentável. Ou seja, centralizar a gestão das políticas públicas para desenvolvimento sustentável em uma única pasta.

O melhor critério é canalizar sinergias e evitar conflitos de interesses.

Em questões emergenciais, como desmatamento na Amazônia, óleo derramado no mar ou incêndios no Pantanal, por exemplo, quem se envolve são os estados e a Secretaria Nacional de Proteção e Defesa Civil, que atualmente está no Ministério de Desenvolvimento Regional, o que faz sentido.

Mas também faria sentido se essa secretaria estivesse vinculada à segurança pública (hoje no Ministério da Justiça), à Presidência da República, ao Ministério da Casa Civil ou ao Ministério do Meio Ambiente. Seria legítimo até mesmo haver o Ministério da Defesa Civil.

Lembro que o que se deve ter em mente é nossa prioridade enquanto nação. Se, para a nação, o meio ambiente é prioridade, onde deveria estar a Defesa Civil? Junto ao MMA. Porque o diálogo da Defesa Civil com o ICMBio e com o Ibama tem que ser muito rápido.

Um exemplo real: o ICMBio não tinha mais dinheiro porque gastou tudo que tinha para combater os incêndios do Pantanal em 2020. Falando com o presidente do ICMBio sobre a falta de dinheiro, perguntei a ele por que não tentar pegar dinheiro na Defesa Civil. Ele me pediu para tentar.

Na sequência, conversei com o secretário nacional da Defesa Civil e perguntei a ele se era possível mandar dinheiro para o ICMBio, porque tinha acabado o dinheiro por conta do combate ao incêndio do Pantanal. Ele me disse que estudaria a situação. No dia seguinte, retornou-me dizendo que falou com o jurídico dele e que era possível, sim, passar algum dinheiro e me deu os caminhos para isso.

O resumo da história: a Defesa Civil mandou para o ICMBio R$20 milhões. Mas a operação para pegar esse dinheiro foi uma maratona. Primeiro eu tive que articular com o presidente do ICMBio (que se reporta ao MMA) e com o secretário nacional da Defesa civil (que se reporta ao ministro do Desenvolvimento Regional). Depois, cada um deles teve que subir o assunto para seus respectivos ministros. E depois, as equipes dos dois órgãos tramitaram os processos. Por sorte, todos estavam muito empenhados.

Fazendo o raciocínio oposto, supondo que o secretário da Defesa Civil estivesse subordinado ao MMA, esses trâmites se resolveriam de um dia para o outro, de forma muito mais orgânica.

Como essa, temos inúmeras ações que poderiam ser dinamizadas se tivessem unicidade de comando. Todo mundo remando para o mesmo lado, sem sobreposição de competências.

Se a Defesa Civil fizer parte da estrutura do MMA, teremos uma estrutura contemplando o meio ambiente como prioridade de fato. Será diferente da forma como acontece hoje: o presidente do Ibama ou o presidente do ICMBio levaria um problema para o ministro, e este ligaria imediatamente para a Defesa Civil e resolveria.

Se o desenvolvimento econômico é fundamental para a preservação do meio ambiente, temos de escolher como vamos gerir essas diversas pautas, qual a sinergia que colocaremos entre elas.

Não haverá conflito de interesses entre defesa civil e meio ambiente, por exemplo, nem entre turismo e meio ambiente. Mas se quisermos construir dentro do ICMBio a lógica de ativos de que falei, ele não pode estar só integrado ao Ibama, mas também à Secretaria de Parcerias e à área de prospecção de investimentos. Não existe turismo sem meio ambiente. Não existe turismo sem qualidade de ar e de água, sem cuidado paisagístico nas cidades, e não existe ecoturismo se não mantivermos nossas paisagens naturais em condições adequadas.

O turismo no Brasil é um negócio muito importante, que movimenta muito dinheiro. A Embratur prospecta parcerias e busca investimento para promover o desenvolvimento econômico. E ninguém quer fazer turismo em rio sujo ou em lugar poluído. A Baía de Guanabara e a Lagoa Rodrigo de Freitas, no Rio de Janeiro, ou Alter do Chão, no Pará, perdem visitantes se estiverem poluídas. Por isso, o cuidado com o meio ambiente é absolutamente intrínseco ao turismo. Por exemplo, recursos da Embratur poderão ser destinados para promover investimentos em unidades de conservação geridas pelo ICMBio, e assim por diante. E a atividade econômica formal é a melhor amiga da preservação ambiental. Então, é preciso colocar políticas públicas para turismo em sinergia absoluta com o ICMBio. Estamos falando de escolhas. Concentrar atividades correlatas e dar prioridade ao meio ambiente gerará um dinamismo que trará uma consequência gigantesca. Ou seja, o fogo apagará mais rápido porque a Defesa Civil estará ali; as questões de qualidade ambiental urbana andarão mais rápido porque pegarão carona nas soluções de saneamento e de lixo.

O Instituto Nacional de Pesquisas Espaciais (Inpe) está no Ministério de Ciência, Tecnologia e Inovação, mas tem uma área que cuida de monitorar o desmatamento. E se o desmatamento é prioridade, então o Inpe poderia estar no MMA, com sinergia direta com o Ibama. O Ministério de Ciência, Tecnologia e Inovação também abrange em sua estrutura o Instituto Nacional de Mata Atlântica e o Instituto Nacional de Pesquisas da Amazônia, cujas áreas de atuação são o conhecimento da biodiversidade, conservação e uso sustentável, comissões biológicas, educação e difusão. Pode ficar onde está, mas, na minha opinião, deveria estar no MMA. Assim como áreas do Ministério de Ciência, Tecnologia e Inovação que se relacionam com sustentabilidade e turismo, como o Centro Nacional de Monitoramento e Alertas de Desastres — não sei como isso pode estar longe da Defesa Civil.

Em resumo, não vejo o meio ambiente isolado da política de desenvolvimento científico e tecnológico do país. Por isso, o que eu desejaria é um Ministério do Desenvolvimento Sustentável, que se ocupe da questão ambiental em sinergia com as demais pautas.

Um superministério que atue não apenas na questão ambiental, mas também em todas as questões que geram desenvolvimento econômico e que passam pelas questões ambientais, sempre com sinergia e sem conflito de interesses.

Além das áreas de ciência e tecnologia e turismo, que trabalham a serviço do desenvolvimento sustentável do país, eu gostaria de analisar também o saneamento básico, questões hídricas, serviço florestal brasileiro e outras áreas, porque o meio ambiente expande as questões para o nível de sustentabilidade, se houver unicidade de comando e controle. Aí as questões de biodiversidade terão sinergia e os recursos financeiros fluirão de maneira melhor — que não é o que acontece atualmente.

O saneamento básico também é um bom exemplo, porque é prioritário, e isso é claro. E é questão ambiental. Por isso, outro órgão a ser levado em conta é a Secretaria Nacional de Saneamento, que deveria estar no MMA, porque precisa estar integrado a toda a política de qualidade ambiental urbana. A mesma coisa ocorre com a Defesa Civil. Secretarias que atualmente estão no Ministério de Desenvolvimento Regional, como Defesa Civil, Segurança Hídrica e Saneamento Básico, na minha visão, tinham que estar dentro do Ministério do Desenvolvimento Sustentável.

Minha tese é a de que não podemos pensar no meio ambiente de maneira isolada, assim como não se pode implementar políticas públicas de maneira isolada. Ao contrário, elas têm que estar atreladas à atração de investimento e à implementação de educação ambiental, com lei e ordem. A implementação deve ser feita de maneira transversal, integrando vários órgãos do governo.

Volto ao exemplo do Ministério da Economia. Com a concentração desse ministério das agendas de indústria e do comércio, previdência, trabalho e planejamento, a experiência está mostrando que, quando se colocou tudo isso sob uma unicidade de comando, o nível de resposta econômica à crise foi rápido. Conseguimos um enfrentamento saudável das questões de desenvolvimento econômico em conjunto com as questões de manutenção da economia. Os juros caíram, e temos várias *fintechs* no país hoje que são resultado de uma política traçada de modo conjunto. O governo não diminuiu, mas obteve eficiência, por conta da sinergia advinda da unicidade de comando. Note-se que, quando as pressões políticas aumentaram e o Ministério da Economia passou a perder poder, a situação claramente piorou.

Falemos, como exemplo, de concessão florestal. O Serviço Florestal ficava no MMA, depois foi para Agricultura, Pecuária e Abastecimento. Eu até entendo a lógica, que era a de acelerar o processo. Mas tinha que haver sinergia com o ICMBio, porque as concessões andariam mais rápido. Na agricultura, a prioridade é a questão ambiental rural, mas precisamos ir além e pensar na sustentabilidade, colocando debaixo do mesmo guarda-chuva, na mesma unicidade de comando, tudo o que for relacionado à sustentabilidade.

Se quisermos evoluir nas questões ambientais, precisamos ter uma perspectiva maior do que apenas o desenvolvimento ambiental. Para que o ICMBio tenha mais efetividade, mais eficiência e proteja melhor as florestas, ele precisa estar integrado a tudo ligado à biodiversidade. Não pode ficar uma parte no MMA e uma parte no Ministério da Ciência, Tecnologia e Inovação. Para que o Ibama funcione bem, precisa estar integrado a tudo o que diz respeito à sustentabilidade. E assim sucessivamente. Tudo o que é prioridade ambiental, na minha opinião, deve estar junto ao MMA.

Quando existe unicidade de comando, fica claro o direcionamento. E não podemos esquecer do uso mais racional de recursos financeiros. O presidente do Jardim Botânico, no Rio de Janeiro, ganha a mesma coisa que o presidente do Ibama, que ganha a mesma coisa que o presidente do ICMBio, que ganha a mesma coisa que o presidente do Museu Emílio Goeldi, e assim por diante. Há no governo várias organizações fazendo coisas parecidas, e não estamos concentrando esforços nas prioridades e nem buscando sinergia entre essas organizações. Por isso eu digo que, pensando em meio ambiente, a estrutura atual ainda enxuga o gelo. Então, o que puder ser fundido dará perenidade para a questão da sustentabilidade e para as políticas ambientais, sempre respeitando as vocações de cada segmento.

Para criar empregos na Amazônia, é preciso ter uma agenda de economia que seja mais atrativa do que uma agenda de desmatamento. Vários órgãos do governo estão buscando fazer isso de maneira desconectada, sem concentrar esforços e sem dar a prioridade necessária. É relevante entender que o governo é grande, pesado e com múltiplas estruturas atuando de maneira difusa. Ao entender a questão de sustentabilidade de uma forma mais ampla, começa-se a colocar o tema como prioridade e a canalizar energia para isso.

## A INTEGRAÇÃO QUE SE QUER

Temos problemas estruturais, em especial porque na prática surgem conflitos entre o setor produtivo e o meio ambiente. A liderança do processo de integração sempre coube ao MMA — já cabe ao ministro lidar com os demais ministros. Já é papel do ministro do Meio Ambiente buscar essas sinergias, essa integração com os demais ministros, BNDES e com quem quer que seja. E o presidente da República é quem arbitrará quando houver conflito entre eles.

A estruturação de um superministério, como estou propondo, com atribuições mais abrangentes, depende do arbítrio dos candidatos à Presidência da República — e isso tem que constar de seus planos de governo.

Parece-me muito improvável que um presidente da República, depois de um ou dois anos de mandato, pense em juntar ministérios. É muito improvável que se perceba condição política para esse tipo de unificação ao longo de um mandato.

Infelizmente, seria mais comum acontecer o oposto — que o presidente separe ministérios para criar mais cargos.

Mas essa janela de oportunidade está aberta agora, em 2022. Neste ano, os candidatos a presidente apresentarão seus planos de governo. Torço para que essas minhas sugestões ganhem corpo ao longo do ano.

# ÍNDICE

**A**

accountability 69
  baixa 83
Acordo de Paris 36, 69, 175
Advocacia Geral da União
    (AGU) 47
agenda
  ambiental 267
  de qualidade ambiental
    urbana 17, 225
Amazônia 12
  Legal 70, 72, 94
aproveitamento sustentável do
    meio ambiente 41
aquecimento global 175, 187

atividade agropecuária 176
atividades de monitoramento e
    fiscalização 164
atuação ambiental positiva 11

**B**

Banco Mundial 49
bioeconomia 52

**C**

caçador 4
cadeia de valor 255
Caixa Econômica Federal 49

283

capital expenditure (Capex) 171
carbono florestal (REDD+) 55
chamamento público 145, 147
cidades verdes 234
Comitê Interministerial sobre Mudança do Clima (CIM) 54
compensação ambiental 5, 6, 24, 25
  câmaras de 143
  conta de 100
  termo de compromisso de 118
competitividade de mercado 257
Conferência das Nações Unidas sobre as Mudanças Climáticas (COP21) 175
conflito de competências 134
Conselho Nacional do Meio Ambiente (Conama) 50, 59
Controladoria Geral da União (CGU) 47
Convenção da Diversidade Biológica 53
conversão de multas 99
COP26 21, 22
crédito de política socioambiental 248
créditos de carbono 17, 68, 140
  compra de 189
crise hídrica 183

cultura
  de concessões 41
  de inovação 12

desenvolvimento
  socioeconômico 82
  sustentável 30, 31
Design Thinking 10
desmatamento zero 214
dosimetria da pena 121

economia de baixo carbono 199
ecoparques 176, 227
ecoturismo 153, 155, 157, 206
  ordenado 156
educação ambiental 125
  do infrator 113
Embratur 276
emissão de carbono 182
engenharia circular 226
equação ganha-ganha-ganha 4–5
Estação Ecológica de Juréia-Itatins 8

## F

Fundação Florestal 8, 41
funding, estrutura de 263
Fundo
  Amazônia 45, 67
  Clima 49
  de Conversão de Multas Ambientais 49
  de Patrimônio Genético 49

## G

gases de efeito estufa 68, 187
gestão
  ambiental 50
    pública 27
  do lixo 223
  sustentável dos ecossistemas 56
governança 84, 107
green bonds 239, 263
greenwashing 247

## I

Ibama 32, 35, 74, 75
ICMBio 32, 35
impacto ambiental 4
imparcialidade das decisões 107

indicadores
  ambientais 20
  de responsabilidade socioambiental 20
infrações administrativas 121
inovação 15
  tecnológica disruptiva 230
Instituto
  Nacional de Pesquisas da Amazônia (Inpa) 137
  Semeia 4

## L

Lei
  de Concessões 163
  de Crimes Ambientais 121
lixão zero 223
lógica de antagonismo 269
logística reversa 226

## M

máfias do lixo 18
manifestação de interesse privado 147, 163
Marco Legal do Saneamento Básico 230
Mata Atlântica 5–7

mercado de carbono 23
　voluntário 189
mercados maduros 14
middle market 15
modernização de estrutura 108
multas ambientais 113

# O

Operação Verde Brasil 36
operational expenditure (Opex) 171
órgão licenciador 102, 103
outorga 159

# P

Pagamento por Serviços Ambientais (PSA) 36
palmiteiro 4
Parcerias Público-Privadas (PPP) 17–19
Parque da Serra do Mar 8
pauta ambiental 41
pegada de carbono 187, 188, 196, 247
permissionamento 43, 145

plano
　de ação global 48
　de manejo 14, 145, 146, 156
Política Nacional de Resíduos Sólidos 52
políticas ambientais 7
Procedimento de Manifestação de Interesse (PMI) 26
processo sancionador ambiental 94
Programa
　Adote um Parque 12, 26, 146
　Floresta+ 26
Protocolo de Kyoto 188, 190

# R

reciclagem do lixo 17
Redução de Emissões do Desmatamento e Degradação (REDD) 69
regularização fundiária 24, 25, 142, 143
relatório de sustentabilidade 7, 8, 20, 208
Reserva Permanente de Proteção Natural (RPPN) 8
reservas extrativistas 133

Resex 165

retorno

  sobre investimento (ROI) 14, 168

  socioambiental sobre o investimento 22

Rio-92 30

serviço de conciliação 124

servidor ambiental 98

Sistema Nacional

  de Unidades de Conservação da Natureza (SNUC) 54

  do Meio Ambiente (Sisnama) 50

smart cities 222

sobreposição de competências 137, 138

sociedades tradicionais 17

stakeholders 5, 20, 44

sustentabilidade 3, 199

terras indígenas 57

Tribunal de Contas 7

turista 4

unidades

  de conservação 25, 131

  descentralizadas 135

Vale do Silício 9

visão conservacionista 6

Z

zonas de amortecimento 136

zoneamento ecológico-econômico 37, 51

## Projetos corporativos e edições personalizadas
dentro da sua estratégia de negócio. Já pensou nisso?

**Coordenação de Eventos**
Viviane Paiva
viviane@altabooks.com.br

**Assistente Comercial**
Fillipe Amorim
vendas.corporativas@altabooks.com.br

A Alta Books tem criado experiências incríveis no meio corporativo. Com a crescente implementação da educação corporativa nas empresas, o livro entra como uma importante fonte de conhecimento. Com atendimento personalizado, conseguimos identificar as principais necessidades, e criar uma seleção de livros que podem ser utilizados de diversas maneiras, como por exemplo, para fortalecer relacionamento com suas equipes/ seus clientes. Você já utilizou o livro para alguma ação estratégica na sua empresa?

Entre em contato com nosso time para entender melhor as possibilidades de personalização e incentivo ao desenvolvimento pessoal e profissional.

## PUBLIQUE
**SEU LIVRO**

Publique seu livro com a Alta Books.
Para mais informações envie um e-mail para: autoria@altabooks.com.br

## CONHEÇA OUTROS LIVROS DA **ALTA BOOKS**

Todas as imagens são meramente ilustrativas.

 /altabooks   /alta-books   /altabooks   /altabooks